VUDÚ Y PAGANISMO AFROCARIBEÑO

Vudú y paganismo afrocaribeño

Lilith Dorsey

Voodoo and Afro-Caribbean Paganism
© Kensington Publishing Group, 2004

Vudú y paganismo afrocaribeño
© H. Paul Jeffers, 2005

D.R. © 2006 Editorial Lectorum, S.A. de C.V.,
Centeno 79-A, Col. Granjas Esmeralda
C.P. 09810, México, D.F.
Tel.: 55 81 32 02
www.lectorum.com.mx
ventas@lectorum.com.mx

L.D. Books
8313 NW 68 Street
Miami, Florida, 33166
Tel. (305) 406 22 92 / 93
ldbooks@bellsouth.net

Primera edición: septiembre de 2006
ISBN: 970-732-187-3

© Traducción: Miguel Ángel Martínez Sarmiento
Silvia Espinoza de los Monteros

© Prólogo: Isaac Bonewits
© Fotografías: Lilith Dorsey

Impreso y encuadernado en México
Printed and bound in Mexico

A mis hijas Aria y Nia,
quienes siempre están en
mi corazón y en mi alma.

Muchas gracias y mucho amor a mi madre y a mis afectuosos antepasados, al igual que la sacerdotisa Miriam, Louis Martinié, Mishlen Linden, Utu y los Dragon Ritual Drummers, Julia Li, Mambo Bonnie Devlin, doctora Susan Johnson, Yeye Oxun, Baba Ray Hawkins, Baba Michael Addison, Omir, Mary Cappello, Addison Smith, Faye Ginsburg, Cristina Esteras-Ortiz, Denise Cruci, Cate Dalton, Frank Dalton, Frankie Dalton, Jesse Dalton, el resto del clan Dalton, Colleen Rose, Bick Thomas, Dorothy Morrison, Isaac Bonewits, Morganna Davies, Baba Theitic, Bob Shuman, Cat McGowan, Paradox, Marty y Linda, Diana Paxon y John Gray.

Lilith

Prólogo

Isaac Bonewits

Un prólogo debe concentrarse en el autor del libro, no en quien redacta el prólogo, pero para explicar los orígenes precisos de esta maravillosa obra, necesito compartir un relato personal de mi niñez. Mi primer contacto con la magia y el paganismo fue por medio del vudú, cuando era un chico de trece años que realizaba trabajos ocasionales para ganar dinero. Uno de mis clientes era el dueño de una tienda de rosquillas, quien me contrataba para limpiar ventanas, barrer el piso, entre otras labores. Una de las empleadas de tiempo completo era una mujer criolla de Nueva Orleans —llamémosla Marie— quien me contrataba de vez en cuando para cuidar a su hijo. No sé por qué decidió contármelo, pero un día, cuando llegué a cuidar a su hijo, Marie me llevó a la cocina, abrió el refrigerador, y sacó una manzana con un centenar de mondadientes de colores enterrados en ella.

—¿Qué es eso? —pregunté, pues nunca antes había visto algo así.

—¡Es la señora Smith! —contestó con regocijo. El señor Smith era el propietario de la tienda de rosquillas.

—¿Qué? —exclamé todo confundido.

—Olvídalo —me replicó, mientras devolvía la manzana al refrigerador y me servía un tazón de quimbombó—. Algún día lo entenderás.

Cuando llegué a trabajar al día siguiente me enteré que la Sra. Smith estaba en el hospital, como resultado de un inesperado ataque cardiaco. Tiempo después descubrí que Marie tenía una aventura con el Sr. Smith y quería que desapareciera su esposa. Marie me dijo que la manzana era parte de un hechizo vudú.

Nunca me había agradado la Sra. Smith y apreciaba a Marie, de modo que hasta varios años después pensé en la pasmosa ética de su hechizo. Lo que ocurrió fue un visceral conocimiento de que la magia era real y que el vudú funcionaba. Esto despertó mi perdurable interés en la magia, la parapsicología, la adivinación y los sistemas religiosos de las minorías. Leí todos los libros que encontré sobre estos temas, sobre todo los de vudú, *vodou*, *macumba* y santería, los cuales siempre me habían parecido más atractivos que la cábala o el budismo. Por desgracia, todo lo que conseguí leer en esos días (con la maravillosa excepción del clásico *Divine horseman* de Maya Deren) fueron horrendas narraciones de misioneros hostiles, llamativos relatos de periodistas más interesados en el dinero que en la exactitud o aburridos análisis académicos de eruditos que nunca habían conseguido profundizar en las comunidades que estudiaban. Una constante en todos estos escritos era el racismo, el sexismo y la crueldad que incluso un despistado adolescente blanco alcanzaba a percibir.

En las últimas décadas unos cuantos autores han escrito buenos libros desde el interior de estas religiones, entre ellos Migene González Wippler y Luisah Teish, pero sus trabajos se han concentrado en aspectos muy específicos. El mundo del vudú esperaba un panorama general adecuado.

Hace algunos años, en un festival pagano, conocí a Lilith Dorsey, una atractiva joven que me hizo recordar a Marie,

sobre todo cuando habló sobre el vudú de un modo serio.
Durante los años de nuestra amistad hemos tenido estupendas conversaciones acerca de las diferencias y semejanzas entre las diversas religiones de la Diáspora Africana, al igual que las interpretaciones erróneas comunes entre los integrantes de estas religiones mesopaganas (que combinan paganismo y cristianismo) y las del movimiento neopagano. Una y otra vez le dije: "¡Tienes que escribir un libro". Por fin, para mi inmenso gozo, atendió mi consejo.

En el libro *Vudú y paganismo afrocaribeño*, de Litith, encontrará un panorama general histórico de los orígenes diversos, pero relacionados, del vodou, la santería, el obeya, el shangó, el macumba, el candombe, el espiritismo y demás, al igual que los orígenes de las prácticas de vudú y *hudú* en los Estados Unidos. Conocerá la religiones del oeste de África que dieron origen a estos sistemas, cuáles son las diferencias y las semejanzas entre estas religiones, y cómo distinguirlas. Incluye un extenso análisis de los ritos mágicos y religiosos que se dispersaron desde África, al igual que sugerencias para los neopaganos que buscan adorar con respeto a las deidades del vudú.

Lilith Dorsey han escrito el libro sobre el vudú que siempre quise leer. Estoy encantado de recomendarlo a todas las personas que alguna vez se han preguntado acerca del poder, la alegría y el misterio del vudú.

Isaac Bonewits es autor de The pagan man *y* Real magic, *entre otros libros.*

Un momento para hablar

Introducción

Como estudiante y practicante del vudú, el vodou, la santería, el candombe, e incluso en ocasiones el palo mayombe, desde hace mucho tiempo he sentido la necesidad de tener un libro como este. Las tradiciones religiosas de la Diáspora Africana son sorprendentemente similares y muy diferentes. Dependiendo de varios factores, los soportes principales tradicionales de la práctica de África Occidental forman la tapicería sagrada de las religiones. Este libro ofrece un examen resumido de estas tradiciones, los pros y los contras en ellas, lo cual termina por conducirnos a los rituales y a los hechizos que usted mismo puede realizar. Confío en que le sirva como un trampolín para estudios más detallados. Puede pasar el resto de su vida tan sólo intentando comprender por completo un pequeño aspecto de estas antiguas tradiciones.

No olvide que cada templo, casa, *ilé* o *hounfor* tiene su propio conjunto específico de reglas y prácticas. Es posible ofrecer a cierto *orisha* (dios o diosa en la santería) un tipo de alimento en un área y exactamente lo contrario en otra. De modo que si en estas páginas obtiene información que va en contra de lo que ha aprendido, siga sus propias enseñanzas. Ofrezco esta información sólo como una guía para quienes pretenden explorar algunos de los dogmas básicos de estos sistemas para intuir la vida y el pensamiento. En mis actividades universitarias con películas, estudios de televisión y antropología en la New York University, preparé muchas teorías acerca del significado y la verdad. Debo concluir que cualquier persona que viva en nuestro singular universo posmoderno comprende que tiene que descubrir sus propias creencias, con base en diversos factores como la cultura y el ambiente. Este libro es una visión general del significado y la veracidad de un conjunto de mundos religiosos, en donde los secretos suelen ser lo que mejor se guarda y el significado siempre es oral y etéreo.

Un dogma básico de estas religiones es que cada ser y objeto está imbuido con su propia *ashé*. La ashé es un concepto difícil de comprender. Funciona como una energía vital universal que impregna todas las cosas. Es una corriente divina que significa vida, gracia, sangre, majestad, desarrollo, poder, fuerza y energía. Representa la esencia de algo, su ser y su poder intrínseco. Todo contiene su propia ashé: las personas, los animales, los lugares, los árboles, los sonidos e incluso las rocas. La ashé es lo opuesto al caos y el desorden; es el ser supremo como una fuerza sagrada. La ashé es el absoluto definitivo y escapa a las definiciones.

En el vudú y la santería sólo una parte de la enseñanza se basa en el conocimiento de hechos, en tanto que la mayor parte del aprendizaje tiene que ver con la experiencia y el conocimiento devoto. La relación maestro-estudiante es como un lazo padre-hijo para los seguidores del vudú y la santería.

Encontrando un maestro espiritual

Sería maravilloso si existiera un conjunto de reglas fáciles de seguir con el cual las personas determinaran la validez de una u otra práctica espiritual o practicante, pero eso no sucede. La verdad es que las prácticas y los practicantes cubren todo el espectro de posibilidades.

Por suerte, casi todos los sistemas religiosos de la Diáspora Africana tienen su propio sistema interno de valoración basado en el linaje. Cada familia espiritual se juzga con base en la reputación de sus integrantes. Obviamente, la desventaja de este sistema es que una persona debe tener familiaridad con un practicante para investigar los antecedentes y la reputación de alguien.

Proyecto de entierro africano, ciudad de Nueva York

Cuando dos iniciados en la santería se conocen una de las primeras cosas que hacen es intercambiar linajes. Muchas veces, en ciertas áreas de los Estados Unidos, como Nueva York y Miami, se descubren lazos espirituales comunes. Es cómo hallar a un familiar desaparecido, o descubrir que usted conoce a la hermana o hermano de alguien. Los pueblos de la Diáspora Africana se vieron obligados a extenderse por todo el mundo. La utilización de esto que los antropólogos llaman *parentesco ficticio*, o crear relaciones familiares donde no existen lazos de sangre, proporciona a las personas una firme estructura de apoyo para reemplazar los lazos familiares convencionales que fueron destruidos. Algunos piensan que es posible juzgar la validez de un practicante, es decir su capacidad para enseñarle y proporcionarle la iniciación adecuada, dependiendo si es el que cobra el precio más bajo. La verdad es que las iniciaciones baratas no son el mejor método para su desarrollo espiritual. Se suele pensar que una tienda costosa es más exclusiva, entonces ¿por qué una iniciación espiritual costosa no puede tener el mismo prestigio? Un *babalawo* (alto sacerdote *ifa*) me refirió una tradición de Nigeria, en donde se pide a una persona que proporcione un servicio a largo plazo a su sacerdotisa, su sacerdote o su casa espiritual. Esto solía requerir trasladarse a un templo y permanecer ahí durante un año o más. Cuando se considera este tributo tradicional, la aportación de dinero en lugar de tiempo es más congruente con el mundo moderno. El dinero requerido para estas ceremonias se suele utilizar para pagar alimentos, alcohol, flores, prendas, hierbas, velas, incienso, ofrendas y a los tamborileros, sacerdotisas y sacerdotes adicionales para culminar las tareas pendientes.

Como ya mencioné, una vez que una persona recorre el proceso de iniciación con una ilé, se vuelve parte de la familia espiritual y se espera que aporte no sólo un apoyo monetario, sino que ayude a cocinar, limpiar, preparar hierbas y otras tareas diarias. A fin de cuentas, me parece que uno debe tener una extrema fe en sus líderes espirituales. Si usted duda de ellos, terminará por dudar de sí mismo. Una vez estaba en una *bembe* (ceremonia con tambores de la santería) cuando alguien quedó poseído por Oshún (diosa del amor y el baile), quien estaba encantada con uno de los hombres jóvenes en el lugar. Oshún le dijo que poseía un enorme talento musical y que no lo aprovechaba en su actividad actual. En lugar de seguir su consejo, el joven lo consideró un insulto a la vida que había elegido. No abandonó su empleo y es probable que se perdiera el consejo especial y las bendiciones que Oshún trataba de concederle. Sus maestros espirituales deben ser confidentes, amigos y mentores confiables. De muchas maneras es cómo elegir un médico, porque esta persona tiene en sus manos su vida espiritual y su salud.

Insisto en este punto porque como practicante, conferencista y autora sobre vudú y santería suelo encontrar personas que describen experiencias desagradables con una u otra casa de la santería o de vudú. Una vez que usted se integra a un grupo con el que no se siente feliz puede hacer muy poco al respecto, y eso en muy pocos casos. No puede recuperar su dinero ni la energía espiritual que ha entregado. He escuchado relatos de personas que se llevan sus artículos rituales y los regalan o los arrojan al mar. Esto puede parecer un modo de cortar o debilitar sus lazos, pero en raras ocasiones lo han conseguido. Es más frecuente que las personas continúen con sus prácticas de una manera menos formal. De modo que la primera vez debe elegir con inteligencia. Seleccione a alguien en quien confíe y que posea las mismas ideas de moralidad y ética que usted.

Lo que debe saber antes de comenzar

La creciente popularidad del vudú, la santería y otras religiones originadas en África ha impulsado prácticas que no siempre son respetuosas ni adecuadas para los practicantes.

Una parte de esto puede deberse a la ignorancia. Al respecto, espero explicar algunas de las reglas básicas por las que deben guiarse las personas. Los principiantes en las ceremonias deben abordarlas con el máximo respeto y la atención más devota. El vudú y la santería se han practicado durante cientos de años. Por esta razón, existen lineamientos estrictamente codificados que suelen ser diferentes de los que aplican los practicantes de otras religiones.

1. No existe la iniciación a solas. Estas religiones vivas se han desarrollado a lo largo de la historia para que quienes buscan un guía espiritual puedan interactuar con un maestro. Cada situación, del nacimiento a la muerte y todo lo que ocurre entre esos dos sucesos, implica diversos componentes que deben ser ponderados y examinados por eruditos espirituales capacitados. Nadie puede crearse a sí mismo. Una vez analicé esto con un practicante de vodou haitiano, quien me dijo que le explicaron este dogma mediante un relato. Le planteó a su maestro: "Si uno no puede iniciarse a sí mismo, ¿quién fue el responsable de la primera iniciación?". Su maestro respondió: "En el principio, existía la ashé, o poder y energía espiritual, de los *lúa* (dioses y diosas del vudú), y la humanidad necesitaba adquirir conocimientos. De manera temporal, los lúa se materializaron y realizaron los ritos ceremoniales necesarios para ese primer consagrado. A partir de entonces, los humanos pudieron recibir enseñanzas de sí mismos". Existen diversos refranes en la ifa, el candombe y otras tradiciones originadas en África que declaran enfáticamente que nadie puede obtener *awo* (conocimiento sagrado) ni entregar *ebo* (ofrendas sagra-

das) con un libro. Este libro existe sólo para complementar e informar de una manera racional. Por favor, deje las cuestiones espirituales, como la iniciación, a los expertos capacitados.

2. Hasta que usted haya sido iniciado sólo puede entregar ofrendas como alimentos o bebidas para honrar lo divino. No pregunte nada, no realice hechizos específicamente dirigidos, ni pida energía o el favor de una entidad. Sin una enseñanza adecuada, simplemente no está preparado. Incluso los practicantes que se han dedicado a la tradición durante más de cincuenta años no consideran sus prácticas para convocar a una divinidad. Uno nunca pide la presencia de una lúa o un orisha, más bien suplica, halaga y reza por sus bendiciones.

3. Las orgías, las agujas enterradas en muñecos vudú y los zombis tienen muy poca relación con la práctica real de estas religiones. No se confunda y aclare esto a sus amigos para corregir tales nociones erróneas.

4. Existe una gran belleza y un poder sublime en el silencio. Para escuchar los mensajes de un orisha debe escuchar el silencio. Algunas personas pasan toda su vida intentando aprender esta lección. Hay ocasiones en las que un practicante del vodou o la santería debe guardar silencio total durante varios días o semanas. Todo sucede en su propio momento y a su propio ritmo.

5. No discuta con sus mayores espirituales. No se trata de convencerlo de que son infalibles, pero discutir no es el modo adecuado de conducirse con su maestro espiritual. Primero vuelva a examinar la situación, y si todavía no la entiende hable con tranquilidad con sus mayores.

6. La limpieza en realidad acompaña a la divinidad. No deshonre las tradiciones al descuidar su cuerpo, mente,

hogar o alma. Si su ambiente es sucio, atraerá el tipo de energía contaminada que desorganizará su vida.

7. Si le parece que algo es una mala idea, ¡no lo haga! Obtuve esta respuesta de un *babalawo* una vez, cuando al comienzo de mi aprendizaje, le pregunté cómo podía saber si los mensajes que recibía provenían en realidad de un orisha y no de uno mismo o de otros seres. Recuerde esto, es uno de los mejores consejos que alguna vez me hayan dado.

8. No se supone que todos lleguen a convertirse en una *mambo* (sacerdotisa vodou) o un babalawo. Sea agradecido, humilde y paciente. Conozco a una santera (sacerdotisa de la santería) que no inicia a ninguno de sus estudiantes hasta que se encuentran más allá de desear tal conocimiento.

Una mayor cantidad de poder espiritual siempre conlleva inmensas responsabilidades, consecuencias y dedicación. Casi todas las casas en el vudú y la santería experimentan un crecimiento gradual. Los practicantes deben ser veteranos templados que hayan sido estudiantes durante décadas, antes de que se les permita llegar a los niveles o grados más avanzados de la religión. El proceso de cada persona es ligeramente diferente y está determinado por las experiencias vitales y la intuición.

9. La posesión es un rito y una bendición para la persona poseída y toda la comunidad. Muchas personas me dicen que le temen a la experiencia, lo cual se asemeja a sentir miedo de ganar la lotería porque tienen miedo de no poder manejar tanto éxito. El orisha o la lúa necesitan establecer una relación simbiótica con las personas para comunicarse, al igual que para dar y recibir favores. Este temor me confundió durante mucho tiempo, hasta que

un amigo me dijo que las personas creían que la posesión sería como en la película *El exorcista*. El poder de los medios nunca dejará de sorprenderme. La posesión por un orisha o una lúa no puede estar más alejada de esta fantasía de las películas demoníacas. Yo la describiría como si usted sintiera que habla con una voz similar pero distinta a la suya. Es como si el orisha hablara por usted, ya que su situación podría ser desafiante. Durante esta situación puede ser que tenga la maravillosa oportunidad de conocer a la compañera de sus sueños, o de saber que la persona que está junto a usted tiene una enfermedad contagiosa. Su conocimiento es infinito y, cuando llegan a hablar durante la posesión, todos harían bien en escuchar.

10. Todas las diversas formas de la religión, ya sea santería, vudú u otra, tienen reglas y regulaciones estrictas. Existen tabúes relacionados con los alimentos y el sexo. Todos los iniciados que adoran la tradición deben respetarlos. En ocasiones, el orisha o la lúa ponen obstáculos en el camino para ver si el suplicante es lo bastante fuerte para enfrentar el desafío de servir adecuadamente en esta religión. Hay quienes piensan que, por esta razón, la experiencia de la posesión implica caer al suelo, sólo para ver si la persona puede levantarse y encarar al mundo. No se desanime en su viaje espiritual o lo considerarán poco digno.

11. No tiene nada que temer. Si vive con responsabilidad y su conducta es adecuada, el orisha o la lúa lo pondrán en el lugar adecuado para que sea el integrante más eficaz de la sociedad y de la comunidad espiritual.

12. Debe abordar cada experiencia de su vida con un intenso sentido de compasión y un corazón bondadoso y abierto. Considere cada situación desde todas las pers-

pectivas: el rico de hoy puede ser el mendigo de mañana y viceversa.

13. La humildad también es importante para los practicantes de estas religiones. Durante las ceremonias trate de permanecer callado, a menos que las fuerzas espirituales o un participante del ritual le indiquen lo contrario. Acepte el hecho de que la familia ritual o el templo intentan honrar a una gran cantidad de energías y entidades.

14. En casi todas, si no es que en todas, las ceremonias habrá ocasiones en las que el sacerdote o la sacerdotisa se dirija a los presentes. Muchas veces estos mensajes parecen crípticos o confusos. Existen algunas razones para esto. Primero, muchos de los líderes de una comunidad de la Diáspora Africana tienen esquemas de pronunciación enraizados en la realidad de la cultura africana. En todas estas formas están presentes la combinación de palabras, la integración cultural y los significados en diversos niveles. Un ejemplo de esto es una palabra que alguna vez utilizó una sacerdotisa poseída: *trancevestita*. Esta palabra fue creada y expresada para describir a un médium travesti con quien habíamos pasado la noche. Una razón adicional de la complejidad de los mensajes es cuando los antepasados y la palabra divina no tienen el propósito de ser interpretados literalmente, sino como un sueño u oráculo. El receptor debe utilizar su intuición y "sentir" el mensaje.

El politeísmo: Todos tenemos mucho de dioses

El politeísmo, o la creencia en varios dioses y diosas, es un dogma del vudú, la santería y las religiones neopaganas. En un mundo donde predominan las ideas judeocristianas, el politeísmo es en definitiva un sistema religioso minoritario. Cuando mi padre regresó de la marcha de un millón de personas en 1995, dijo que existió una gran unidad entre los negros y se aceptaron diferentes religiones, siempre y cuando la religión "sólo tuviera un dios". La diferencia entre el tipo de politeísmo de las tradiciones de la Diáspora Africana y el del neopaganismo es de jerarquías. El vudú y la santería conllevan implícitas divinidades que operan en una estructura básicamente jerárquica. Tanto el vudú como la santería tienen una deidad creadora que de muchas maneras está separada de los otros orisha o lúas.

Las funciones de los géneros: Las mujeres son más inteligentes... ¡correcto!

Tanto el neopaganismo como el vudú le dan una enorme importancia al poder de las mujeres. Muchos grupos neopaganos están orientados a las diosas y conceden a las mujeres un poder sobre su propia espiritualidad que no tiene el cristianismo tradicional. En los templos del vudú, gran parte del poder es conservado por las mujeres, lo cual es probable que se haya originado durante la época de la esclavitud, cuando las mujeres desempeñaban la función principal en el cuidado de los niños y la utilizaban como una oportunidad para educar a los integrantes jóvenes de la comunidad acerca de su herencia espiritual.

En el vudú, la santería y otras tradiciones religiosas de la Diáspora Africana, siempre se han definido con claridad las funciones de los géneros. Muchas ilés tienen tabúes estrictos para las mujeres que están menstruando, los cuales limitan su participación en los rituales del grupo durante esos periodos. Por ejemplo, puede prohibirse a una iniciada en la santería que toque a los demás. Este es un nivel de devoción extremo que, aunque resulta difícil, pretende conferir un conjunto único y específico de bendiciones para la persona.

Cosas que debe recordar

Un comentario acerca del sacrificio de animales: muchas de las tradiciones perfiladas aquí implican el uso del sacrificio ritual de animales. Me parece que el modo más sencillo de explicarlo es con una analogía. Suelo preguntar a las personas que si le diagnosticaran a su hijo o padre una enfermedad fatal y la única manera de curarlos fuera con medicinas de origen animal, ¿rechazarían el tratamiento? Ningún sacrificio se hace a la ligera. Se efectúan para proteger y sostener a la comunidad al honrar a un orisha o una lúa.

Vale la pena hablar de la ortografía. Muchos de estos sistemas espirituales se transmitieron de manera oral y, por lo tanto, existía una enorme variación en la ortografía y, en menor grado, en la pronunciación de las deidades. En lo posible, he tratado de presentar todas las versiones o permutaciones disponibles de los dioses y diosas analizados en estas páginas.

También es probable que a algunas personas les confunda el hecho de que haya optado por presentar varias tradiciones diferentes juntas en un solo volumen. Debo aclarar que mantengo límites estrictos entre las variaciones de la tradición religiosa de la Diáspora Africana. No obstante, las diversas normas de la religión, el candombe, el vudú, el shangó, la santería, el obeya y otras, todavía conservan esquemas básicos similares entre sí y un conjunto de ideas derivadas del *yoruba* y de las prácticas rituales. No creo que el Changó de la santería sea el mismo que los Sangós, los Shangós y otras deidades con nombres similares. Pero comparten la misma ashé. En este libro, seguiré las diferencias entre estas religiones, al igual que sus semejanzas, para proporcionar un breve panorama general de estas tradiciones sagradas.

LAS RELIGIONES SAGRADAS

Parte I

Raíces antiguas y nuevas: la conexión con el yoruba

Muchas de las tradiciones religiosas modernas derivadas de África surgen de la región de África Occidental. La forma más popular de la religión que existe en la actualidad es la religión yoruba que suele denominarse ifa. Ifa se refiere al mismo tiempo a la religión, la divinidad Ifa (Orunmila), y al sistema de adivinación que emplea conchas de ciprea y una charola de adivinación. La religión tiene varios componentes: venerar a los orisha (o las divinidades de la energía del universo), adorar a los antepasados y la adivinación.

La tradición del matriarcado y la fuerza femenina en las religiones de la Diáspora Africana es muy fuerte. Algunas creen incluso que la divinidad suprema creadora del yoruba, Olodumare, es una mujer. Sin embargo, con diosas como Yemonjá, Oyá, Obá, Oshún y otras, es innegable la importancia de las mujeres en la cosmología y la cultura. Muchos de los sistemas se basan en un equilibrio entre el calor masculino, que suele catalizarse en el cuerpo de quienes tocan tambores, y la frescura y la receptividad femeninas, que suelen materializarse en los bailarines poseídos. Estas dos fuerzas trabajan juntas para fertilizar el universo y a la congregación.

Los devotos de Ifa creen que el orisha es la materialización de la ashé (la energía y el poder espiritual). Ogoú, el señor del hierro, no es un dios que ame el hierro, sino la ashé del hierro. En las salas judiciales de Nigeria, los testigos juran decir la verdad mientras tocan con su mano un pedazo del hierro. Esto es muy interesante en un país donde casi toda la población es cristiana o musulmana. La ashé es un poder que se siente, se utiliza, se teme y se corteja. La palabra también se utiliza como una afirmación que significa "déjalo ser" o "que así sea".

Los orisha

Hay varias deidades en el panteón yoruba. Se denominan orisha u *orixas* y son, en teoría, las energías originales, los antepasados deificados y las personas que merecen respeto después de la muerte. Los orisha que se suelen honrar con mayor frecuencia entre los yoruba de Nigeria en la actualidad son: Olodumare, el ser supremo, y después Orunmila, Obatala, Eshú, Ogoú, Sonponno o Babaluayé, Oshosi, Oshún, Yemonjá, Oyá, Sangó, Nana Bukún Mami Wata, y Olokún.

Olodumare, Orunmila y Obatala
El dueño del cielo y la tierra es Olodumare, cuya traducción simple es: "el poderoso que no tiene fin". Es una deidad que se representa como hombre o mujer, también se conoce como Oduduwa u Olorún. Esta divinidad debe recibirse como el más grande de los dioses en los reinos físico y espiritual.

Orunmila es el dios de la adivinación. Se cree que es un enviado de Olodumare en cuestiones de omnisciencia, y se dice que posee el misterio del comienzo de la creación. Debido a que proporciona orientación y consejos a la comunidad, se considera que Orunmila es el origen de todas las nociones religiosas del yoruba. Es adorado en todo el territorio yoruba, y se dice que es un maestro lingüista que habla todos los idiomas. El conocimiento de Orunmila es muy apreciado en la tradición y se dice que tiene dieciséis *olodus*, o discípulos, quienes lo ayudan. Los practicantes buscan su orientación con regularidad. El altar para Orunmila suele ponerse en el hogar y se representa mediante un tazón que tiene dieciséis corazones de palmas, cipreas y pedazos de colmillo de elefante.

Obatala, la diosa y el dios creador, es la encarnación de la claridad, la paz celestial y la pureza. La pureza de la divinidad es representada por todos los seguidores de este orisha que visten de blanco. La divinidad tiene un agudo sentido de la justicia, y el honor es primordial. La reputación de este orisha, al igual que sus ropas, es inmaculada. Se dice que es el soberano de la tela blanca y, por lo tanto, representa la limpieza divina. Se le ofrendan caracoles, arroz, y manteca.

Eshú

Es el dios embustero de las encrucijadas. Aquí, las encrucijadas representan la unión física de dos caminos y un punto divino entre el cielo y la tierra. El maestro de los umbrales no vive en este mundo ni en el siguiente, ni en el reino humano o en el divino; es el intermedio constante, su hogar está en todas partes y en ninguna. Existe un relato relacionado con Eshú en el cual muestra un apetito voraz, pues devora todo lo que se acerca a su madre y después también se la come. En respuesta, su horrorizado padre consulta a Orunmila y realiza los sacrificios adecuados. Entonces Eshú lo amenaza con devorarlo también. Orunmila lo corta en pedazos que se convierten en *yangi* o pedazos de laterita (una

33

arcilla rojiza muy porosa). Orunmila lo persigue por nueve cielos hasta que, al fin, Eshú es aplacado y, además de devolver a su madre, permite que cada fragmento de arcilla se convierta en su representante en el mundo físico. Esta historia explica la capacidad de Eshú para estar en muchos lugares al mismo tiempo y comprueba su poder para destruir, o para multiplicar, dependiendo de si es adorado de la manera correcta o no. Una adoración adecuada implica llevar las ofrendas apropiadas en el momento preciso. Las ofrendas y accesorios para Eshú suelen ponerse boca abajo para homenajear su falta de desarrollo. Cada manifestación específica del dios tiene sus propias simpatías y antipatías y el devoto debe memorizar mucho conocimiento sagrado.

Las estatuas de madera de Eshú-Odara, el avatar o manifestación conocida como "el trabajador maravilloso", aparecen tanto en forma femenina como en masculina y muestran ojos saltones (lo cual indica su capacidad para hacer que ocurran cosas) así como un elemento parecido a una navaja sobre la cabeza (lo cual señala el inicio de sus poderes). La navaja también sirve para indicar que Eshú siempre está preparado para una muerte. Como un comunicador extraordinario, asume la posición de umbral cósmico. Por medio de él, los humanos y los dioses tienen una forma de para comunicarse o intercambiar. Sin embargo, la ruta que crea no siempre es directa: su sobrenombre es *Aflakete*, que significa "te engañé". Es capaz de tergiversar la información y manipular la perspectiva para sus propios fines. Representa los propósitos enredados, el lenguaje cifrado y, más que todo, las encrucijadas mismas. En términos más sencillos, en las encrucijadas es donde se juntan el cielo y la tierra, pero también son lugares donde se abren y se cierran las puertas, y donde se encuentran o se pierden las oportunidades. Eshú camina en el borde del caos y nunca se detiene. Es un embustero a causa de (o, mejor dicho, a pesar de) su compromiso con la verdad y la justicia. No es un personaje elusivo. Es la elusión misma, porque su trabajo es actualizar el potencial de las personas al hacer que vean las cosas bajo una perspectiva nueva y mejor. En otra leyenda yoruba, le preguntan a Eshú por qué no habla de manera directa. Eshú contesta: "Nunca lo hago. Me gusta que las personas piensen". En su altar, Eshú suele representarse con un loro de plumas rojas sobre su cabeza, como símbolo de una inmensa ashé. Eshú-Yangi significa "el padre de Eshú" y las representaciones artísticas más antiguas de él son conos de laterita que datan del África del siglo XVII. En la actualidad, todavía se ofrecen conos de laterita en los mercados yoruba y sirven como altar para Eshú. Algunos creen que los conos de laterita fueron trasladados a la santería del mismo modo que las cabezas de concreto con ojos de conchas de ciprea preparadas para Eleguá. Eshú es alimentado con chiles jalapeños y granos de pimienta negra. Una parte de cada ofrenda se presenta primero a esta divinidad, para que asegure un camino sin contratiempos hacia las otras deidades.

Sangó

El brillo, el calor, el poder y lo impredecible del fuego personifican al orisha Sangó. Los devotos de Sangó son los niños de fuego. Se dice que el hombre que después se volvió un dios vivió como el cuarto rey del pueblo yoruba en Oyo (África Occidental), hace más de mil años; pero es probable que la adoración a un dios del fuego haya existido desde antes de esa época. Sangó, también conocido como Esangó, es el dios del trueno. Rige por medio del trueno y sus rayos se consideran hachas de trueno, y se cree que abaten a quienes son injustos. La violencia y la calma se juntan en la imagen de Sangó. Adora vivir al máximo y aprovecha cada momento. Es sexual, lógico e inspirador. Como dios de la fertilidad, muchos le imploran para tener éxito en este aspecto. Es una vigorosa fuerza masculina de la sexualidad. Un instrumento ritual común es el *ashe sangó*, un hacha de dos cabezas. Esta hacha representa la justicia y la injusticia, el castigo y la muerte. Algunas imágenes presentan a Sangó con esta hacha como su corona.

Igual que casi todos los orisha, tiene un lado positivo y uno negativo. Se dice que provoca celos por medio del poder de su pene. El peligro es que no siempre elige las mejores salidas para su atención y creatividad, las cuales suelen orientarse al sexo y al licor baratos. Sangó se alimenta con ofrendas de legumbres verdes, plátanos, arroz, ñame, cigarros, semillas, quimbombó, vino tinto y blanco, y nuez de cola amarga. Las ceremonias para él conllevan muchas posesiones vigorosas, muchos bailes y tambores. Su altar puede ser tan impresionante como este rey. La majestad suele incluir piedras de trueno, calabacines, nueces de cola, cipreas y varias ofrendas de alimentos. La imagen de Sangó es la de un carnero, la cual siempre ocupa un lugar de honor en su altar.

Oshún

La energía del río se llama Oshún. Es dulce y sensual, y es la diosa del río Osun en Nigeria. Igual que su esposo Sangó, suele ser honrada con fiestas vigorosas llenas de música y baile. Para el yoruba, Oshún representa una fuerza con mucho dinero y muy generosa. Odia a los mentirosos y tiende a ser celosa. Entre los adoradores de la ifa del yoruba, su metal sagrado es el bronce. Su joyería ritual y sus objetos de poder están hechos de bronce. Se cree incluso que vivió en un gran palacio de bronce con su primer esposo, Orunmila o Ifa. Su animal ceremonial es el caimán y se le pide ayuda en asuntos de amores.

Oshosi

Oshosi, Osossi u Ochosi, es el espíritu del cazador, el perseguidor y el destino. Tiene una conexión íntima con la naturaleza, las plantas y los animales del bosque. Es un experto en hierbas y sabe cuáles plantas curan y cuáles dañan. Con su arco y flecha divinos, guía a quienes buscan la ruta de su destino. Como el perseguidor final, Oshosi también es el explorador divino que hurga en los misterios sagrados del bosque y el yo. Ahí encuentra amabilidad y comprensión. Los devotos de Oshosi suelen acceder al poder del leopardo al utilizar una piel de ese animal. Esto les sirve en la cacería en los mundos físico y espiritual. A Oshosi le suelen ofrecer maíz, aceite de palma y animales de caza.

Ogoú

Ogoú, u Ogún, es el dios de la guerra y el ashé del hierro. Es el poseedor de la pistola, el cuchillo, la navaja, la policía y la ley, el metal, el impulso y más. Incluso las espadas son llamadas *gu* o *gubasa* en su honor. Su esencia es feroz y terrible, por lo cual ocupa un lugar marginal en la sociedad. En lo profundo de los bosques, su fundición es su santuario. Ogoú, el guerrero con la espada divina, posee la sangre de todo sacrificio. La tradición lo asocia con la serpiente y su peligroso poder. Sus adoradores han aumentado sin cesar, y ahora lo honran los trabajadores de la construcción, los programadores de computadoras, los médicos, los taxistas y otros. Encarna el poder para matar y para curar, sus adoradores imploran: "Ogoú, no nos ataques". Ogoú es quien trae la civilización por medio de su poder sobre la tecnología y la fundición. Algunas evidencias de misioneros cristianos muestran que la adoración de Ogoú se ha dado durante más de 250 años, y tal vez antes, ya que no existen registros anteriores completos o detallados.

Los devotos de Ogoú en África suelen usar implementos de hierro en miniatura o colgar estos artículos de sus estacas sagradas para honrar al orisha. Algunos son yunques, martillos, lanzas, espadas, campanas y atizadores. Los altares para Ogoú entre los yoruba contienen los colores blanco o rojo. Suelen llevar ofrendas con carne de pollo, caracoles, cola de elefante y ron como sacrificio. Su área ritual es el bosque o las vías de ferrocarril, en estos lugares deben ponerse sus ofrendas rituales.

Oyá y los egungun

La ashé del viento y la diosa del cambio se llama Oyá. Considerada como la señora de la muerte, camina con orgullo y confianza. En Nigeria es celebrada como la diosa del río Níger. Lleva con ella la abundancia del cambio poderoso. También suele ser reverenciada como la dueña de los mercados. En África, muchos de estos mercados son dominados por las mujeres, en los cuales venden sus mercancías y crean un universo fabricado a su gusto. En las representaciones, Oyá baila su remolino de precipitación con tal fuerza que descarga chispas eléctricas. Como el espíritu del viento le ofrendan berenjenas, uvas rojas y vino tinto. Su número es el nueve, de modo que le dejan objetos en combinaciones de este número. Oyá es una de las pocas orisha que puede usar colores oscuros; por lo tanto, sus colores rituales son el morado y a veces el negro. Entre los yoruba se le suele asociar con las sociedades *egungun* para los antepasados. Estas sociedades utilizan máscaras durante el ritual y por esto los altares para Oyá a veces contienen máscaras ceremoniales. Los egungun son los espíritus de los muertos honrados. Se cree que regresan del país de los muertos para visitar a los vivos y llevarles mensajes y consejos. Las sociedades secretas se forman para rendir tributo a estos antepasados y en su honor se celebra un festival de un mes de duración. Durante el festival, los participantes utilizan pesados atuendos de rafia y máscaras, y danzan con lazos trenzados en largos movimientos ondulantes. En algún momento, entran en trance o son poseídos y otorgan bendiciones y opiniones al público.

Yemonjá, Olokún, Nana Bukún

Yemonjá, Yemojá o Yemayá es la señora del mar. Es madre de varios de los otros orisha y es hermana de Oshún. Es descrita como maternal y destructora, oscura y radiante. Es considerada como parte del dios/diosa Olokún en algunas variantes de la religión, mientras que otras separan a las dos deidades. El nombre Olokún se traduce como: "dueña del océano". Yemonjá y Olokún otorgan a sus adoradores fertilidad, prosperidad y riqueza. Mientras que Yemonjá es la madre de los peces, de Olokún se dice que: "nadie sabe lo que hay en el fondo del océano". Estos orisha viven juntos en el reino de las aguas. En sus altares, Olokún y Yemonjá suelen representarse con imágenes relacionadas con el océano. El arte sagrado para Yemonjá incluye los *abebe* o abanicos redondos, los cuales sirven para capturar su ashé de agua fresca. Formados como una gota de agua gigantesca, se dice que reestablecen la tranquilidad en cualquier situación. A ambos orisha les agradan las estrellas, las lunas y las campanas de plata. Se visten con corales y los lagartos o los camaleones son sagrados para ellos. Los altares de Olokún casi siempre se ponen en el exterior, y suelen contener espejos para simbolizar el océano y para facilitar el trance. También incluyen escaleras porque representan el ascenso espiritual permitido por Olokún.

Nana Bukún es una orisha fuerte que simboliza a la madre sin hijos. Es la madre de todo y es responsable de los niños pequeños y la tierra. Esta deidad es reverenciada no sólo entre los yoruba, representa el valor, el inmenso conocimiento y el poder de las mujeres. Se dice que Nana Bukún es la madre de los Ibeji y Obaluayé. Es una mujer guerrera que lleva un *ileshin*, o bastón mágico. Se suele cubrir con rafia, similar al atuendo de su hijo, Sonponno o Babaluayé.

Sonponno y Mami Wata

La divinidad yoruba popularizada en Estados Unidos por Desi Arnaz es Babaluayé u Obaluayé. El pueblo fon de África Occidental conoce a este dios de la enfermedad como Sonponno o Sakpata. Como en un principio era respetado por su capacidad para curar o conjurar la viruela con magia, el gobierno británico acusó a sus sacerdotes de extender la enfermedad a finales del siglo XIX. Sonponno conlleva el terror de una enfermedad imprevista y desde épocas recientes se le asocia con el sida. En ocasiones, una persona poseída por Sonponno puede ofrecer una disertación sobre el uso del condón. Los altares para Sonponno suelen ubicarse afuera de la casa, e incluso afuera de un pueblo. Su santuario suele contener varios calabacines pequeños en los que se cree guarda sus medicinas.

Mami Wata es una diosa jubilosa que simboliza el mar. Se representa como una sirena o con una imagen de la deidad hindú Krishna. Cuando llega a un iniciado durante la posesión, cubre su rostro con polvo blanco y se entrega al éxtasis del baile. Su altar debe conservarse escrupulosamente limpio en todo momento.

El arte sagrado: El yoruba y otras raíces africanas

El arte siempre ha sido una de las expresiones más claras de la cultura sagrada del yoruba. Desde el siglo XV, e incluso antes, los devotos de un orisha han creado hermosos objetos sagrados como parte de su religión. A menudo, estos objetos son esculturas y conforme pasa el tiempo se impregnan más y más con la ashé del orisha.

Estos objetos reverenciados atrajeron la atención de los europeos. A principios del siglo XIX, un bastón ritual de Sangó, el señor del fuego y el trueno, había llegado a Suiza. Para bien o para mal, el comercio con estos artículos se ha mantenido y se pueden encontrar grandes colecciones de arte ritual yoruba en Gran Bretaña, Alemania y los Estados Unidos.

Muchos eruditos de Occidente se han ocupado de estudiar este arte y, por consiguiente, la religión. Robert Farris Thompson ha escrito mucho sobre el tema. En su libro *Flash of the spirit*, analiza el arte y la filosofía de la Diáspora Africana al relacionar los elementos artísticos.

La música y las danzas sagradas yoruba
La danza sagrada es una manifestación hermosa y divina de la adoración a los orisha en el yoruba conocida como ifa. Los practicantes suelen bailar en sentido contrario a las manecillas del reloj para honrar a un orisha. Los movimientos para Eshú, el dios embustero, estimulan el lado izquierdo del

cuerpo. Para Ogoú, el señor del hierro, se suben y bajan rítmicamente los omóplatos, mientras la cabeza permanece inmóvil. Las danzas son determinadas por los ritmos del tambor interpretado para llamar al orisha. Los pasos de las danzas son repetitivos y están diseñados para inducir al trance. La *Afonga* tal vez sea el ritmo y el baile originado en el yoruba más popular en el mundo. Los principiantes aprenden a cantar sus sencillas pero poderosas palabras:

Afonga Alafia Ashé Ashé
Afonga Alafia Ashé Ashé
Ashé Ashé
Ashé Ashé
Afonga Alafia Ashé Ashé

Afonga es el nombre del canto en el baile, mientras que *Alafia* se traduce como paz y bendiciones. Ashé es el poder espiritual, la energía y la gracia. Este es un cántico poderoso, útil en la oración para alcanzar la concentración y la claridad. La palabra en yoruba que significa sacrificio es ebo. Lingüísticamente, está formada por las palabras "alimentar" y "adorar". Se emplean sacrificios, de animales y otros objetos, para complacer al orisha. Igual que los humanos, el orisha necesita comer y orar. La oración se considera la forma de sacrificio más elevada y los adoradores en la ifa la utilizan varias veces al día.

El calendario yoruba

Es imposible trazar un calendario religioso yoruba, sobre todo uno basado en las ideas tradicionales. El calendario original, que estaba en vigor hace cientos de años, tenía una semana de cuatro días. Los orisha se cambiaban y honraban de acuerdo con un programa, por ejemplo, la mitad de la semana siempre se dedicaba al comercio y servía para honrar a la orisha Oyá, la señora del comercio. En la actualidad, esta tradición histórica oral tiene un calendario en el que algunos días, como por ejemplo el martes es *Ojo Isogons*, el día de la victoria, mientras que el miércoles es *Ojo riru Ojooru*, el día de la confusión. Esta son adaptaciones modernas para coincidir con el modo europeo de configurar las cosas. No existe un calendario religioso del yoruba que coincida con el calendario europeo.

Los relatos sagrados yoruba

Todo lo relacionado con el orisha embustero Eshú es confuso y contradictorio. Se dice que: "Eshú se acuesta boca abajo en su cama y su cabeza se golpea contra el techo". La leyenda más popular relacionada con Eshú se refiere a un sombrero de dos colores.

Un día, Eshú paseaba cuando escuchó a dos hermanos que platicaban a un lado del camino. Los hermanos estaban vestidos iguales y parecían amigos cercanos.

El primer hermano dijo: "Gracias, hermano, por ayudarme con mis cosechas y por vivir tan cerca que hasta puedo utilizar tus herramientas. Eres un magnífico hermano".

El segundo hermano contestó: "Cuando quieras, hermano. Gracias por ayudarme con la granja y por permitirme guardar mis semillas con las tuyas. Las cosechas parecen estupendas y tú también eres un gran hermano".

43

Toda esta armonía le causó náuseas a Eshú, por lo que decidió poner en acción su torcido bastón. Sacó un sombrero con un lado negro y otro blanco. Se lo puso y avanzó por el camino hacia los dos hermanos. Un hermano le dijo al otro: "¿Viste al hombre del sombrero negro?". El otro hermano contestó: "Sólo vi a un hombre con un sombrero blanco. ¿De qué hablas?". Comenzó una discusión. Muy pronto los hermanos peleaban y destruyeron sus granjas. Esto afectó el suministro de alimentos de todo el reino y el rey tuvo que intervenir de inmediato. Ordenó al pueblo que buscara a Eshú y lo llevara a su presencia para castigarlo por causar tantos problemas. Como siempre, Eshú estaba algunos pasos adelante de ellos. Había decidido abandonar el reino. No obstante, mientras se alejaba, incendiaba las casas cercanas. Cuando las personas huían de sus hogares con sus pertenencias, les ofrecía cuidarlas. Después entregaba los objetos al siguiente transeúnte, con lo que dispersó las pertenencias del pueblo por todo el reino.

Según la mitología yoruba, en el comienzo del tiempo el mundo era todo agua y terrenos pantanosos. Los orisha vivían en el cielo y bajaban a la tierra en telarañas resbalosas para jugar y divertirse. Un día Olodumare, la deidad creadora, decidió hacer surgir un poco de tierra firme entre los pantanos. Envió al orisha Nla, tal vez una permutación del orisha Orunla, al mundo inferior con una concha de caracol que contenía un pichón y una gallina. Nla a puso las aves en los pantanos y produjeron una tormenta. Rascaron y cavaron hasta que se comenzó a formar la tierra. Después, Olodumare envió a un camaleón sagrado para inspeccionar el trabajo. Se dice que el camaleón informó que la tierra "todavía estaba muy acuosa". Nla fue enviado otra vez a trabajar, para confirmar que la tierra fuera amplia y estuviera seca. Cuando terminó, había creado la ciudad de Ile Ife. Este nombre significa "hogar grande". Ile Ife ha sido el centro real de la cultura sagrada yoruba durante cientos de años.

La botánica del yoruba

A continuación aparece una lista parcial de los objetos que se pueden dejar como *adimu* (ofrenda no animal) para un orisha. Se pueden obtener en cualquier tienda de hierbas. En lo posible, también se han incluido los nombres en yoruba.

Anís: Bendiciones, paz.
Coco (*gabón*): Paz.
Cola amarga (*orogbo*): Suerte.
Mijo (*baba*): Fertilidad.
Cebolla (*alubosa*): Protección contra el mal.
Aceite de oliva: Un buen aceite para todas las ocasiones en las ofrendas.
Aceite de palma: Para cada uno de los orisha, para recibir orientación.
Semillas de calabaza: Fertilidad, éxito.
Manteca (*ori*): Tranquilidad, sabiduría.

Futuro incierto

Todavía existe una enorme inquietud política y económica en Nigeria y es difícil regresar ahí. Igual que en el relato de Eshú, el pueblo y las cosas se han dispersado por el país. Los disturbios étnicos y las atrocidades cometidas contra los derechos humanos han provocado la muerte de miles de personas desde que el presidente Olosegun Obasanjo asumió el cargo en 1999. El país es el quinto exportador más grande de petróleo crudo en el mundo, lo cual representa también una enorme tensión política. A mediados de la década de 1990, varios practicantes de América del Norte y del Sur regresaron a Nigeria para recibir enseñanza espiritual. En la actualidad no es tan fácil. Varios sacerdotes y sacerdotisas de la religión se han establecido en Europa, sobre todo en Holanda y América. Quienes deseen explorar las prácticas del yoruba en los Estados Unidos tienen la suerte de contar con *Oyotunji*, que es una auténtica aldea africana ubicada cerca de Beaufort, Carolina del Sur. Funciona como una unidad completamente autónoma que proporciona dirección espiritual y otros servicios a sus integrantes, cuyo conocimiento y aspecto son impresionantes. La aldea ofrece diversos servicios, entre ellos misterios y fiestas para las mujeres. Está abierta a los visitantes con ciertas restricciones.

El vodou haitiano:
una fuerza eficaz

A pesar de años de esfuerzo económico, opresión política e intervención externa, la religión del vodou (esta es la denominación haitiana de la religión, para diferenciarla del vudú de Nueva Orleans), sigue prosperando en Haití. Los habitantes de la isla, originalmente llamada Santo Domingo, todavía siguen la religión vodou de sus antepasados. La etimología de la palabra vodou se relaciona con "espíritu", "deidad" o "poder eficaz".

Como parte del vodou, los seguidores honran a la lúa (dioses y las diosas). La lúa son los padres, las esposas, los maestros, los ángeles, los demonios, *les mystéres* (los misterios) y *les invisibles* (los invisibles). Necesitados en épocas de problemas y alabados en momentos de alegría, los lúa están ahí para los devotos, siempre y cuando conozcan los dibujos, las canciones y los ritmos adecuados para manifestarlos.

El hounfor, o templo, es el centro ritual para todas las prácticas del vodou. No sólo incluye los edificios que contienen altares, sino también los árboles sagrados, los jardines, las áreas para curar y para el ganado. Hay cientos de miles de hounfors por todo Haití así como en otras partes del mundo, y cada uno es ligeramente diferente. En una ciudad es probable que el espacio sea escaso, por eso las áreas sagradas se ven forzadas a existir en una escala más pequeña o en una forma más móvil. Las áreas rituales pueden ser espartanas o muy adornadas. Todo depende del gusto estético del templo y de los lineamientos ancestrales establecidos. Cada hounfor tiene un asta central llamada *Poteau Mitan*. A veces, esta es la viga de apoyo de toda la estructura. El asta, que se cree gira sobre su eje entre el cielo y la tierra, funciona como una antorcha espiritual que permite que la lúa perciba el hounfor. En ocasiones puede ser una cadena, en vez de un pedazo de madera o un árbol vivo. En cualquier caso, es el centro del área ritual y los *vevés* (dibujos rituales en la tierra) y las ofrendas se ponen alrededor de su base. Conozco a un sacerdote que tenía una Poteau Mitan hecha de madera con termitas. Consideraba que esto era una bendición de los *gede*, o antepasados no nombrados, quienes suelen manifestarse en forma de insectos. En esa época el hecho no me sorprendía tanto, pero era interesante escucharlas vivas dentro del asta.

Una mambo (sacerdotisa) y un *houngan* (sacerdote) son los responsables de dirigir el hounfor y los rituales que ocurren ahí. No obstante, su función real es tan penetrante que deshace cualquier explicación. Son la madre y el padre, los sumos sacerdotes para los integrantes del templo que acuden a ellos por ayuda en todas las áreas.

La historia del vodou: de esclavos a dioses

La isla originalmente llamada Haití por sus residentes indígenas, taínos y arawaks, fue rebautizada como La Española cuando Cristóbal Colón la tomó para España en 1492. El pueblo nativo de la isla fue cruelmente destruido mediante el maltrato, enfermedades y trabajos forzados en las minas.

Su impresionante número de alrededor de 1.3 millones disminuyó a sólo 60 000 apenas quince años después. Se importaron esclavos de África a la isla desde 1503 para realizar el agotador trabajo de los residentes nativos. Ésta población terminó por crecer a casi medio millón. Lo que culminó en una exitosa revolución de esclavos en 1804 habilitados por el vodou. Aquí el sistema de iniciación en el vodou es complejo y tiene varios niveles. La ceremonia inicial realizada para los devotos es el *Lavé Tet*, o lavado de cabeza. Después, dependiendo del hounfor, el devoto pasa por varias etapas como *hounsi bosalle*, *hounsi canzo*, y termina por convertirse en una mambo o en un houngan.

Las lúa

Las lúa son demasiado numerosas para describirlas aquí. Además, sus clasificaciones siempre cambian porque cualquier muerto honrado puede terminar por convertirse en lúa.

En Haití, la adoración se efectúa casi igual que en África Occidental: la religión se organiza de acuerdo con los *nanchons*, o linajes familiares. Los nanchons son grupos de lúa que se considera pertenecen al mismo linaje tribal original. Los nanchons se clasifican de acuerdo con diferentes grupos tribales cuyos integrantes fueron capturados y llevados a América. Los esclavos de la misma aldea o región no eran mantenidos en la misma área. Por lo tanto, surgían problemas con el idioma y las costumbres entre los capturados. En los grupos recién formados, compuestos por personas de muchas tribus, los integrantes individuales se concentraban en las partes de sus religiones que eran similares. Algunos de los nanchons más prominentes son Petro, Congo, Ibo y Rada. Se dice que la familia de espíritus Petro es ardiente, rápida y feroz. Sus movimientos son ágiles y algunos los consideran una línea indígena única entre el pueblo haitiano que habla criollo. Lo opuesto a los Petro son los espíritus Congo, los cuales prefieren el agua, son jubilosos y tranquilos, algunos plantean que son de origen bantú. Los espíritus Ibo descendieron de los imperios hausa, benin y yoruba. Se cree que los espíritus Rada se originaron en Dahomey, África Occidental y se dice que su naturaleza es de aire y amable. En conjunto, el vodou se ha movido menos hacia una estructura definida por los nanchons y más a una inspirada por las lúa. Las personas todavía pagan tributos a la lúa de su familia, pero en las ceremonias de grupo se honran a muchas lúa diferentes de diversos nanchons. A continuación se presentan las entidades más adoradas.

Legba

Papá Legba es la deidad más usual y a quien más peticiones le hacen. Una oración común es: "Abre el camino, abre la valla, abre la puerta. Queremos llegar a casa, Papá". Legba es el padre inteligente, el rey de todos los reyes, la fuerza paternal de la creación en el universo. Suele ser imaginado como un anciano que lleva un bastón. El bastón, que representa su miembro, ha envejecido tanto que ahora lo ayuda a caminar y él lo utiliza para plantar su semilla en la tierra. Como intermediario divino, está en las encrucijadas y transmite mensajes del mundo visible al invisible y viceversa. Todos los practicantes deben pasar frente a Legba para tener contacto con las otras lúa, y es invocado al inicio de cada ceremonia. Algunos practicantes equiparan su energía con la del sol brillante. Como tributo, se ofrenda a Papá Legba ron, café, cacahuates, cigarros, buñuelos de maíz con especias, carnes ahumadas y caramelos. En el hounfor, casi siempre es representado con un bastón, pero algunos emplean la imagen católica de San Pedro debido a su conexión con las llaves de las puertas del cielo, o con la imagen de Moisés. Para saludarlo, un devoto suele besar o tocar tres veces el suelo y pedirle que abra la puerta al mundo de lo invisible. En una posesión, Legba camina ligeramente encorvado con un bastón. Sus colores son el rojo y negro, o blanco y negro; simboliza la conexión y la confusión asociadas con estar en la tierra y en el cielo.

Erzulie

La Erzulie de los ritos Rada es una lúa cuyo dominio es el agua y vive en los bancos de un río. Sus colores simbólicos son el azul claro y el rosa, aunque su ropa también puede ser rosa o blanca. El jueves y el martes son sus días especiales. Entre la flora y fauna sagradas para Erzulie están el laurel, el ciruelo, las flores aromáticas (sobre todo las rosas y el jazmín), la paloma blanca y la albahaca. De hecho, exige que sus hijos estén limpios en todo momento. O bien, como Maîtresse (señora) Erzulie es representada como una coqueta de piel blanca de excepcional belleza, gracia y sensualidad, como una dama acostumbrada al lujo. Tres anillos de bodas adornan sus dedos al mismo tiempo: uno para Damballa (el dios serpiente), uno para Agué (el señor de los pescadores) y otro para Ogoú (el dios de hierro). Esta situación no es considerada como promiscuidad, sino como una prueba de su inmenso corazón. Sus ofrendas favoritas son platos refinados o gourmet con salsas deliciosamente sazonadas, pastelillos decorados u otros postres preparados, perfumes costosos, flores frescas, artículos para baño y cosméticos, joyería de oro y/o de perlas, miel, plátanos, licores dulces como la crema de menta y (su favorito) la champaña, la cual siempre se mantiene lista en caso de que aparezca. Sus símbolos principales son: un corazón, un espejo y un abanico; pero las lágrimas o el llanto incontrolable también es una parte esencial de su carácter. Estas lágrimas pueden ser de tristeza, alegría o frustración, y cada una representa una faceta diferente de Erzulie.

Si bien es muy complicado listar completos los numerosos aspectos de Erzulie, los siguientes son algunos de los avatares más reconocidos de esta diosa. Bajo los nombres siguientes ha llegado a representar ayuda, buena voluntad, salud, belleza, fortuna y amor: Erzulie Freda Dahomey (que suele identificarse con la Madre Dolorosa de la Iglesia católica), Erzulie Severina Belle Femme (mujer hermosa), La Belle Femme (Venus), La Grande Erzulie (una anciana apesadumbrada, identificada con Santa Ana) y Tsila Wedó (belleza, paz y riqueza). No obstante, Erzulie también es la diosa de los celos, la venganza y la discordia, tal como lo personifican estas personalidades: Erzulie Toho, Erzulie Zandor, Erzulie Mapiangueh y Erzulie Ge-Rouge. Un aspecto muy interesante de Erzulie es Erzulie Dantor (Ezili Danto), una campesina de piel oscura, quien es sincrética con las vírgenes negras católicas, como la Madre Salvadora. Se sobre entiende que el niño que abraza es su hija llamada Anaïs. Esta lúa de linaje Petro viste de rojo y azul, con lo cual refleja los orígenes de su país. Sus ofrendas pueden incluir ron no depurado, carne frita de puerco (*griyó*) y cigarrillos sin filtro. Para ella los cerdos negros son sagrados, con lo cual recordamos a los cerdos negros sacrificados en la legendaria ceremonia de rebelión de Bois-Caïman (agosto de 1791), cuando Boukman imploró a sus conciudadanos que escucharan en sus corazones la voz de la libertad, en nombre de los dioses ancestrales de África.

Damballa y Aida Wedó

Damballa, Damballa Wedó o Dambala Hwedó, es considerada como la serpiente creadora en la tradición haitiana. Como una serpiente de color blanco puro, es considerado una antigua fuerza de la religión. Cuando se manifiesta durante la posesión, se retuerce en el suelo y no emite ningún sonido, excepto ruidos silbantes y sordos. En algunos hounfors, el asta central, el conducto principal de la acción ritual, se denomina *Poteau Damballa*. Papá Damballa viaja bajo las aguas para crear y cuidar sus inmensos depósitos de memoria. Damballa posee las aguas divinas del cielo y es alabado en cuestiones de amor, conocimiento, curación y riqueza. La litografía católica de San Patricio suele utilizarse para representar a este lúa. Esto podría atribuirse a que la imagen presenta a un San Patricio sabio y respetable con cabello y barbas blancas y unas serpientes a sus pies. La imagen de Moisés también se utiliza porque incluye serpientes. Las ofrendas a Damballa casi siempre son blancas: arroz blanco, huevos, harina y leche son adecuados, al igual que la piña, las uvas blancas, el aceite de oliva y el vino dulce. Es alabado los miércoles o jueves. Hay un avatar de Damballa para el nanchon de lúa Petro llamado *Damballa La Flambeau*. Esta serpiente ataca con una lengua y una cola de fuego divino. Este avatar específico es abiertamente sexual. La primera ceremonia del tambor que realicé para este lúa encendió un cántico entre los babalawo decía: "Damballa La Flambeau / el fuego nos alcanzó". Es similar a la gran serpiente *Kundalini* del hinduismo que materializa la sexualidad básica.

Aida Wedó, u Oyida Ouido, es la esposa de Damballa. Se

la suele representar como una serpiente en un cielo arco iris que concede a sus seguidores amor y comprensión. Se le ofrendan huevos y otros objetos blancos pintados con los colores del arco iris. Silenciosa y amorosa, se enrolla en su esposo en una doble hélice de perfección erótica. Ambos, Damballa y Aida, son los abuelos de todos nosotros; ellos guardan los misterios de la vida y de la muerte. Igual que los *ouroboros*, o círculo de la serpiente sagrada, representan la máquina orgánica perfecta. Las serpientes nos llevan con ellas por el sinuoso viaje de la vida, y nos hacen voltear hacia el inicio y el final.

Marassa y Gran Bois

Cada manifestación distinta de la religión de África Occidental tiene su propia versión de los mellizos divinos. Son considerados como las fuerzas sagradas, femenina y masculina, del universo. En el vodou haitiano se denominan Marassa. Un modo de describirlos para quienes desconocen la tradición es pensarlos como una forma vodou de los principios del Yin y el Yang. Bajo un examen severo, no son lúa sino fuerzas en el universo que anteceden a la creación y permiten que las cosan cobren vida. En Haití son descritos como Mawu, una niña, y Lisa, un niño. Son responsables de la alegría, la felicidad y el equilibrio. Los Marassa reciben ofrendas de dulces y juguetes en sus altares y durante las ceremonias. Existen varias manifestaciones diferentes de los Marassa dentro del panteón haitiano: los Marassa, los Marassa dosu, los Marassa tois, e incluso un grupo de Marassa cuádruples. Se les ofrenda comida en tazones dobles especiales hechos con madera de una especie de baobab.

El lúa del bosque se llama Gran Bois o Ganga Bois. Los dedos de sus manos y sus pies son raíces que se hunden en la tierra para recibir sabiduría y consuelo. La tierra en la que vive es la morada de los fallecidos recientemente. Controla las medicinas y las preparaciones herbales sagradas de los bosques. Debido a que su dominio es el bosque, gran parte de la población haitiana en Brooklyn, Nueva York, ha elegido dejar muchas de sus ofrendas en Prospect Park. Gran Bois suele concebirse como una especie de tío/tutor, anciano y sabio, que por dedos tiene raíces. Habla en rima y conoce todos los poderosos secretos de las hierbas. Gran Bois es uno de los lúa responsables de conferir el *asón*, o sonaja ritual, a la mambo o al houngan.

Ayizán y Papá Loko

Ayizán es la lúa de la iniciación. Se le ofrendan hojas de palma y cangrejo. Su energía es la del amor y el éxito. No bebe alcohol, pero se le ofrendan otras bebidas, como el néctar de durazno. Las imágenes que se ponen en su altar se relacionan con los corazones. Cuando aparece durante el trance de la posesión, se conduce con una gracia y una elegancia divinas.

Conocido como Papá Loko, o Loko Attissou, este lúa es el sacerdote anciano, el guardián del hounfor. Como esposo de Ayizán, encarna de muchas maneras el apoyo de la comunidad. Loko representa al mismo tiempo la agricultura y la naturaleza como la deidad del asta central o *Poteau Mitan*, y el árbol sagrado *Mapou*. Sus colores son el blanco y el rojo, los cuales simbolizan los fluidos iniciales de la mujer y el hombre, es decir, el semen y la sangre menstrual.

Loko muy rara vez se posesiona de alguien, pero cuando lo hace puede ser recalcitrante y rehusarse a ayudar a la congregación con sus problemas. No es un lúa con quien enojarse y se sabe que rompe cosas si no se siguen las reglas rituales. Por suerte, si es complacido puede diagnosticar enfermedades y recetar remedios herbales. Dado que controla a los sacerdotes y las iniciaciones, los houngans recurren a él durante la ceremonia en busca de inspiración, guía y fortaleza. Es casi tan importante como Papá Legba, porque la ayuda de Loko es vital para el éxito de cualquier ritual. Se le suele honrar en miércoles, y la litografía católica que se utiliza más a menudo para él es San José, el trabajador. Loko y su esposa, Ayizán, son los lúa paternales sagrados, cuya función es ayudar con curaciones, iniciaciones y enseñanza. Juntos, forman la unión divina entre mujer y hombre, sacerdotisa y sacerdote, que se unifican para guiar a la comunidad.

Azaka y Gran Ibo

Azaka, Azaka Mede o Couzin, es una lúa que parece haber asumido el manejo de las comunidades agrícolas de Haití, al mismo tiempo que ha caído de la gracia de las sociedades más urbanizadas. Igual que muchos de los lúa, suele ser vista unas veces como hombre y otras como mujer, dependiendo de la situación. Como un campesino común, utiliza pantalones de mezclilla y camisa a rayas, que suele destacar con un pañuelo rojo y un sombrero de paja. Igual que los campesinos, conoce el valor del trabajo intenso y las bendiciones de fertilidad de la tierra. Algunos devotos lo asocian con San Isidoro, el santo patrono de los granjeros, quien es dibujado con pantalones azules y un baúl. Azaka siempre es un granjero humilde, sencillo, tímido y analfabeta, y le recuerda a la congregación sus raíces espirituales y físicas. Por lo mismo, los templos en las áreas rurales y urbanas de Haití suelen tener sucios los pisos, una vez más para reforzar la conexión con la tierra. Sus colores tradicionales son el azul y el blanco.

Azaka es hermano de Gede, y aparece con frecuencia en los rituales de Gede, en donde se le ofrendan caña de azúcar sin procesar, arroz y granos, cola, ron, ginebra, tequila, whisky escocés, rosetas de maíz, dulces, cacahuates y diversas semillas. Se mueve entre los mundos de la familia y los negocios, y sirve de conexión entre ellos. Cuando se posesiona de una persona su voz suena como una cabra. Su día es el sábado.

La diosa Gran Ibo es considerada como la gran señora, la abuela, la anciana sabia del pantano. Habla en raras ocasiones, pero cuando lo hace suele mostrar glosolalia, y le dice a todos todo y nada, al mismo tiempo que señala el camino de la salvación. Es uno de los espíritus ibo, que pertenecen a los pueblos que descienden de los imperios Hausa, Benin y Yoruba, muchos de los cuales todavía son reverenciados en la actualidad entre el pueblo Gullah de la costa de Carolina del Sur.

Bossou, ShiLiBo y Blanca Dani

El lúa del toro es llamado Bossou. Es concebido como fuerte y belicoso, y acude en ayuda de la congregación cuando requiere fortaleza. Cuando un integrante de la congregación vodou es poseído por Bossou, ya sea hombre o mujer, Bossou intenta montar a alguno de los asistentes. Esta conducta es un intento básico y animal de establecer un dominio. Se cree que tiene cierto poder sobre la vida y la muerte, el cual puede revelar en un espejo, si así lo decide. Sus colores son el rojo, el blanco y el negro y come carne de res. La imagen católica que se utiliza para él es San Vicente de Paul.

ShiLiBo, o Silibo, es la lúa de la alegría pura. Es como la primera manifestación de la dicha y el poder del gran conocimiento. Como representante de la exaltación, permanece desnuda y deslumbrante bajo el sol, su piel es cobriza y tiene largas trenzas. Es la virgen vestal y como tal es representada con imágenes de la Virgen María. A ShiLiBo le ofrendan semillas de girasol y agua de una cascada o de un manantial burbujeante. Su número ritual es el seis y su día es el martes. En el vodou, existen diferentes serpientes sagradas. Blanca Dani es una de ellas. Es una lúa de la paz y la serenidad. Igual que Damballa, Blanca Dani es concebida como una serpiente blanca.

LaSirene

La hermosa y pálida señora del mar es llamada LaSirene o Lasiren. Sus dulces canciones conducen a los seguidores del matrimonio y la distracción. Suelen representarla como una sirena que concede dones de inmensa riqueza. Según algunos creyentes, se asemeja a Erzulie, mientras que otros la asocian con una lúa llamada La Baleen, la diosa de las ballenas. Sus colores rituales son el azul y el verde. A LaSirene le ofrendan pedazos de vidrio color azul mar, peines, canciones y cánticos sagrados, champaña rosada y vino blanco dulce. Algunos dicen que es la esposa de Agué y la amante de Ogoú, por lo que es capaz de complacer a muchos hombres con su poder de seducción. Se dice que quienes alguna vez en su vida ven a LaSirene tienen una suerte inmensa.

Masa y Simbi

La energía espiritual conocida como Masa La Flambeau encarna el restablecimiento equilibrado y festivo del fuego mágico. En el vodou, el fuego se considera un elemento mágico poderoso y se utiliza para transformar y purificar. La purificación ardiente de Masa atrae a algunos y paraliza a otros.

Simbi es otra deidad serpiente sagrada de la tradición vodou. Los dominios de Simbi son los pálidos reinos de la magia y el misterio. Los colores de Simbi son el blanco y el verde. El *vevé* (dibujo ritual) para Simbi representa a una serpiente deslizándose por las encrucijadas. Algunos creen que Simbi es sólo otra manifestación de Damballa, sin embargo, la energía de Simbi parece más eléctrica que la de Damballa. Una de las manifestaciones de Simbi se denomina Simbi Andezo y es honrada con la siguiente canción criolla:

Simbi Andezo,
Sa ki fe yo pa vle we mwen...
Simbi Andezo,
Ellos no me ven
porque no me conocen
me dieron un hechizo
para que pueda pasear en la noche.

El nombre Simbi Andezo proviene de la palabra criolla para "dos aguas". Simbi es tímida y se desliza entre dos pálidos reinos: el de los vivos y el de los muertos.

Los barones y los gede: los antepasados

La adoración de los antepasados es una gran parte de la tradición haitiana, estas energías suelen ser reverenciadas como un grupo de lúa llamado los gede y los barones. Lasciva y lujuriosa, esta legión fue descrita por la antropóloga y cineasta Maya Deren como "un cadáver y un falo". Estas energías de los muertos se manifiestan en los rituales y se comportan de manera obscena, piden dinero, usando prendas gastadas u ostentosas, hablan con un tono nasal y son capaces de cualquier cosa. Todas las personas tienen un poco de la energía de los gede incrustada en su alma, como un conocimiento ancestral. La energía es casi abrumadora e infecciosa. Con lentejuelas y anteojos para el sol, con sombrero alto y con frivolidad, se dice que estas entidades invaden otras ceremonias y se niegan a irse sin algún tipo de compensación, ya sea financiera o juguetonamente sexual. Su aspecto no se olvida pronto porque son capaces de rozar los genitales, empujar, rechinar los dientes, maldecir y escupir, mientras tratan de meter la mano en su bolsillo o darle un apretón en la nariz. Algunos hounfor describen a la liga de los barones, o los espíritus de los desaparecidos, como los muertos nombrados, y a los gede como los muertos sin nombre. Otros no marcan diferencias claras entre los dos grupos y los considera los muertos reverenciados y merecedores de tributo. Son numerosos, los más conocidos son el barón Samedi, Mamá Brigitte, el barón Criminal, Tío Malicia y Gebo Nibo.

Un practicante vestido como el barón Samedi para un ritual

El barón Samedi, considerado el primer hombre enterrado en cada cementerio, reina sobre todos los muertos. Se le ve vestido con un sombrero alto y anteojos para el sol, en los que sobresale uno de los ojos. Esto es para representar que cada ojo vigila un mundo distinto, y también alude a las implicaciones sexuales del prodigio de un ojo, o el pene. De muchas maneras, este barón es el rostro estereotípico del vodou. Se le ofrendan ron, cigarros, chiles picantes, las monedas sobrantes y joyas llamativas. Papá Doc Duvalier, el ex dictador haitiano, afirmaba ser una manifestación de este barón. El barón Samedi es alabado los sábados. Mamá Brigitte es la esposa del barón. También es conocida como Mademoiselle Brigitte y Gran Brigitte. También es conocida como: "la primera mujer enterrada en un cementerio". Posee su propio poder especial sobre la justicia y la alegría de una madre. Vive en los árboles y en las piedras apiladas del cementerio, es considerada muy sensual. Como vive envuelta en el silencio, sus devotos suelen rellenar sus narices y bocas con algodón. Rara vez se posesiona de un espíritu en su forma de anciana sabia. Sin embargo, una vez un integrante de una *umbanda*, o centro religioso afrobrasileño, me contó que se comunicaron con una manifestación de Tía Brigitte, una jovencita con falda corta que no tenía empacho en mostrar sus calzones. Por último, es una juez divina de la justicia y los practicantes le piden consejo en situaciones legales. Es evidente la relación entre ella y la diosa celta Brigit, hasta en el nombre. Se le alaba con la luz de varias velas, y se le ofrendan algodón, ron y ramas de sauce.

El barón Criminal es considerado como una fuerza de la justicia para los criminales. Si bien algunos lo ven como un rostro del barón Samedi, otros hounfors lo reverencian como una especie de policía espiritual que espera atrapar al vuelo a las personas que cometen algún error. También es representado con una cruz.

Uno de los espíritus gede más populares es Tío Malicia, sobre él se dice que trae mala suerte y es malévolo. Tío Malicia tiene un trasero enorme que pedorrea a menudo y puede hablar. Los altares para los gede pueden tener básculas antiguas que les sirven para ponderar las almas. Se les ofrendan nuez moscada, pimienta negra, alcohol, cacahuates, maíz y melón chino.

Gede Nibo es una entidad que es vista como un enterrador. Es lujuriosamente sexual y se dice que tiene el ano color canela, lo cual corrobora su ostentosa sexualidad. También es conocido como Tío Piojo.

Agué

Agué es el patrón de los pescadores y el mar. Su vevé es una embarcación. Esta embarcación es tan fuerte y poderosa que resiste cualquier tormenta. Cuando los practicantes emplean la imagen de un santo para representarlo es la de San Orlando. Otras imágenes lo presentan como una persona mestiza de piel clara y ojos almendrados. Agué siempre utiliza uniforme naval con una gorra y guantes. Se le ofrendan champaña y otras bedidas costosas. Es considerado como un esposo perfecto porque siempre ofrece apoyo. Está casado con la lúa LaSirene, no obstante algunos dicen que también tiene otras esposas. Sus altares suelen contener ofrendas con embarcaciones pequeñas, anclas, botes de vapor, barcos de guerra, botes de remos, peces, redes y otras cosas del mar.

Ogoú

Ogoú, u Ogún, tiene un lugar privilegiado dentro de la religión haitiana porque es considerado como el dios patrono de Toussaint Louverture, un líder de la revolución haitiana. Este lúa no tolera la injusticia y es mencionado con frecuencia en los cantos litúrgicos de las tradiciones afroatlánticas. En el vodou existen varias manifestaciones diferentes de Ogoú. Como Ogoú Feray, u Ogún Feraille, un belicoso guerrero curtido en las batallas, sirve para proteger a la comunidad. A diferencia de algunas de las otras religiones de la

Diáspora Africana, el color para Ogoú no es el verde, sino el rojo. Representa el espíritu del hierro, es un guerrero y un soldado incrustado en la independencia haitiana. Ogoú Balindo se dedica a la curación. En un país asolado por el hambre, las enfermedades y, desde hace poco, el sida, esta deidad se ha vuelto cada vez más popular. Ogoú La Flambeau es el desquiciado dañado por la guerra. Es el soldado con el machete ardiente que traga balas y sangre en ebullición. Este feroz lúa lucha por todo y contra todos, y sólo es convocado en momentos de intensa desesperación. A veces este lúa es representado con la litografía católica de San Jacobo. El altar de Ogoú se suele cubrir con terciopelo rojo y contiene un machete, un cuchillo o una espada ritual, un rastrillo, una pala y camotes.

El matrimonio espiritual: reposar con los lúa

La religión vodou tiene una opción especial para los iniciados que necesitan mejorar su conexión con los lúa: el matrimonio espiritual. Una persona no elige someterse a esta ceremonia, sino es que elegida por los lúa mismos. El practicante es convocado mediante posesión, sueños y, en ocasiones, enfermedades o desastres financieros. Incluso he sabido de casos donde exigen a los devotos que realicen este tipo de matrimonio antes de permitirles efectuar uno en el mundo secular. Sólo después de una de estas pruebas, ya sea de manera directa o por medio de una consulta con una mambo o un houngan, se revela la necesidad de un matrimonio espiritual.

El matrimonio real suele ser precedido por otra ceremonia: el Lavé Tet. Una vez concluido este rito, la ceremonia en realidad se parece a una boda católica. Una persona actúa como sacerdote y llega a hablar en latín, se intercambian sortijas, e incluso se llena un acta de matrimonio. Las actas se obtienen con facilidad en cualquier lugar de Haití, por una cuota establecida. Sin embargo, el ritual mismo puede ser muy costoso, porque el novio debe pagar los anillos, la ropa adecuada, los músicos, un pastel y la gran fiesta nupcial. Se reserva una habitación especial en el hounfor para preparar el matrimonio y la consagración final de la unión. En los días previos al ritual, la novia debe adquirir los complejos conocimientos necesarios para el sagrado matrimonio. Esta información consiste en los alimentos, las hierbas, las canciones, los colores, los ritmos y los cantos favoritos del lúa específico, los cuales el devoto debe aprender de memoria.

La ceremonia consiste en horas de baile, tambores y fiesta para el lúa. Durante este periodo el novio, o la novia, se queda acostado sin moverse, reposando en un lugar aislado, en espera de la llegada del lúa. Si las ofrendas son del agrado del lúa, éste o ésta acepta la unión al poseer al cónyuge o a otro integrante del hounfor. Entonces comienza el matrimonio mismo. El sacerdote recita las promesas de fidelidad y la mambo y el houngan firman como testigos de la unión.

Una vez terminada la ceremonia, el cónyuge se abstiene de tener relaciones sexuales en el día de la semana que corresponde a su lúa, y lo reserva para las visitas de su pareja divina. Si tiene espacio en su propia casa, puede dedicar una habitación completa a ese lúa. Esto demuestra el nivel de compromiso que los seguidores del vodou están dispuestos a aceptar para seguir su religión.

Es posible afirmar que el matrimonio espiritual es una de las prácticas más importantes en el vodou. Incluso la palabra en criollo para los ayudantes en el ritual, *hounsi*, literalmente significa "vida". Los hounsi forman la mayor parte de la congregación que funciona como los bailarines rituales y el coro de la ceremonia. Los lúa que participan más a menudo en el matrimonio espiritual son Erzulie, Damballa, Agué, Gede y Ogoú. Por medio de estas uniones los hounsi y los lúa fortalecen por igual su relación con el otro mundo.

Historia política

La historia política de Haití ha sido tumultuosa durante cientos de años. En 1835 el código penal volvió ilegales los ritos y las prácticas vodou, y esto permaneció en vigor durante 150 años. A pesar de la sorprendente revolución contra la esclavitud en el país, la libertad del pueblo siempre ha sido restringida. La ocupación estadounidense de Haití comenzó en 1915 y duró hasta 1934. Papá Doc Duvalier llegó al poder en 1957 y comenzó un reino de terror de 30 años. El dictador se vestía de negro y hacía todo lo que podía por parecerse al barón Samedi, el espíritu de los muertos. Papá Doc y su hijo, Baby Doc, fueron responsables de cientos y, tal vez miles, de muertes. El horror fue tan extremo que cuando terminó el reino de los Duvalier, el pueblo culpó a la comunidad vodou por los años de horror, y aproximadamente un centenar de mambos y houngans fueron torturados y asesinatos. Algunos hounfors fueron reducidos a cenizas. Casi todas, si no es que todas, estas personas tenían escasa o ninguna relación con los Duvalier. Al menos trece sacerdotes fueron obligados a retractarse de sus creencias en el vodou y a declarar su fe en la cristiandad. Quienes se negaron a retractarse fueron mutilados y asesinados con machetes.

Volvió a ocurrir una intervención estadounidense en Haití en la década de 1990.

El arte vodou

Existe una larga tradición artística asociada con la religión vodou. Incluye los dibujos hechos en la tierra llamados vevés, el trabajo con metales y la pintura. Muchas creaciones se deben a que el pueblo haitiano no posee riquezas, pero sí nociones estéticas. El pueblo hace todo lo posible para honrar a los lúa y el resultado son algunas de las creaciones más sorprendentes en el mundo.

Los vevés se suelen crear a campo abierto con harina de maíz, harina de trigo, polvo de arroz, polvo de arcilla, café, pólvora u otros materiales. Cada lúa tiene su propio vevé único y abierto a una interpretación estética por parte del creador. El diseño funciona como un conducto espiritual para quienes tienen contacto con él. Forma una puerta sagrada que permite que todos los que danzan en la ruta astral tengan un viaje seguro. Esta ruta astral comunica el mundo físico de la humanidad y el mundo divino de los lúa.

La palabra vevé se deriva del antiguo término utilizado por el pueblo fon (de Dahomey en África Occidental) para "aceite ritual de palma", empleado en ofrendas en el suelo con forma rectangular para las deidades. Se encuentran dibujos similares entre el pueblo del Congo, el pueblo de la tribu Ndembu de Zambia y el pueblo de la tribu Pende de Zaire. Sin embargo, los vevés rituales del vodou son más detallados que los de África. Los vevés suelen honrar a varios lúa e incorporan símbolos de muchas tradiciones y prácticas diferentes.

La artística elocuencia del vevé es primordial y divina.

Las líneas se dibujan al mismo tiempo con varias manos, lo cual representa que se extienden de igual modo en ambos mundos. Su grosor y su delicadeza varían con cada dibujo específico. Se pueden crear para honrar a un solo lúa o se pueden combinar muchos vevés. Cuando inicia la ceremonia, los danzantes comienzan a avanzar descalzos sobre los vevés, con lo cual absorben la ashé de los vevés, la cual pasa su cuerpo y después hacia sus almas para bendecir y guiar a los participantes. Después de la ceremonia, los vevés se retiran con el resto de las ofrendas y se depositan en la tierra llana, por lo general bajo un árbol grande.

Como se mencionó, los vevés se utilizaron al principio sólo como dibujos en la tierra, pero con el tiempo han adquirido varias funciones. Los vevés metálicos que funcionan como ofrendas permanentes se popularizaron en los primeros años del siglo XX y actualmente todavía se venden. Son pedazos de metal repujados a mano y pueden ser sencillos o complejos. Son creados para conducir a los lúa dentro de una casa o templo al colgarlos en la pared. Algunos de los artistas más notables en esta área son Georges Littaud y Gabriel Ben-Aime.

Las banderas con lentejuelas son una forma ritual única del vodou haitiano. Se pueden describir como los vitrales de los pobres, estas creaciones son un rasgo de muchos templos haitianos y se han convertido en artículos de arte codiciados en muchos países. En el idioma criollo de Haití, las banderas se llaman *drapo*. Miden aproximadamente un metro cuadrado y pueden contener hasta veinte mil lentejuelas. Las banderas que se van a utilizar para un ritual suelen tener flecos en las orillas. Los iniciados en el vodou cosen las banderas a mano, y repiten oraciones para el lúa cada vez que la aguja atraviesa una lentejuela o la tela. El trabajo durante el delicado proceso de crear estas obras maestras enseña al iniciado en el vodou paciencia, respeto, dirección y disciplina. El proceso, igual que todo en la religión, es una sociedad entre la persona y los lúa. La dedicación y la concentración son elementos fundamentales para los practicantes psíquicos, porque éste es el tipo de intensidad que favorece el lúa.

Los integrantes del hounfor desfilan en una ceremonia con las banderas, como parte de los llamados iniciales de un ritual de vodou haitiano. Funcionan como un punto de atención para los integrantes del templo y permiten que se manifiesten los lúa. En ocasiones, durante una ceremonia se permite a los invitados distinguidos caminar bajo una cruz formada por un par de banderas. A veces la drapo contiene imágenes de los santos o del vevé para el lúa. Igual que los vevés en el suelo, los danzantes de la congregación y los participantes del ritual las utilizan para invocar a los lúa. En cierto nivel, se consideran representaciones de los lúa mismos, porque contienen la ashé de los lúa. Los participantes suelen besar las banderas y bailar con ellas durante la ceremonia, y es muy importante que sean tratadas con gran cuidado y respeto.

Los tambores y el baile en el vodou

Los tambores son una parte intrínseca de cualquier ritual o práctica vodou. Al mismo tiempo, concentran y amplían el poder del hounfor y de la congregación. Los tambores rituales requieren mucho tiempo y estudio. Algunos hounfor solicitan que los tamborileros aprendan más de cincuenta ritmos diferentes antes de ser considerados suficientemente dignos para tocar para los lúa.

Tambores rituales con un vevé de Agué en el Voodoo Spiritual Temple, en Nueva Orleans

En el vodou haitiano se tocan tres tambores principales para los rituales: el *mamán*, la *segunda* (o *seconda*) y el *petit* (o *boulah*). El mamán es el principal tambor del ritual, representa a Venus y a la Luna. La segunda, el segundo tambor, es para la energía del Sol y de Marte. El petit, el tambor más pequeño, se usa para representar a Mercurio. La sacerdotisa del vodou haitiano que me inició tenía un tambor ritual que poseía la ashé más hermosa. Contenía dibujos con vevés y otros símbolos sagrados. El sonido hacía que tu cuerpo y espíritu regresaran rápidamente a África.

Por fortuna, gran parte de la información acerca de las danzas rituales del vodou ha sido preservada por eruditos como Catherine Dunham, Maya Deren y Zora Neale Hurston. Estas tres mujeres fueron pioneras en el estudio del vodou haitiano durante las décadas de 1930 y 1940; además, recibieron cierta forma de iniciación en la tradición y tuvieron acceso a muchos ritos sagrados con las danzas correspondientes. Asimismo, filmaron por separado las prácticas (esto se analiza con mayor detalle en el capítulo "El vudú, la santería y el candombe en la pantalla cinematográfica").

Dunham era una bailarina y coreógrafa reconocida mundialmente que concentró su trabajo antropológico inicial en las danzas del vodou haitiano. Según su investigación, las danzas que filmó en el Caribe en 1937 eran similares a las descritas en los registros históricos de los siglos XVII y XVIII. Estudió en detalle los ritmos y los movimientos utilizados para los lúa del vodou. Encontró que solía existir una compleja conexión durante la ejecución, en donde las danzas se asociaban con los ritmos, los cuales, a su vez, se aplicaban de manera impredecible con los lúa.

Deren fue una teórica y cineasta nacida en Rusia que viajó a Haití por primera vez en 1947 para filmar danzas rituales. Después de varios años, se involucró cada vez más con el vodou, y algunos informes afirman incluso que se convirtió en una sacerdotisa mambo dedicada a Erzulie. Una de mis leyendas favoritas acerca de ella cuenta que, según se dice, era poseída de manera espontánea en las refinadas fiesta de la alta sociedad de Nueva York. En definitiva, Deren fue una historiadora y cineasta pionera del vodou. Dado que su obra teórica se relacionaba con alterar las percepciones del tiempo y el espacio, es fácil adivinar cómo fue cautivada por la intemporalidad y trascendencia del vodou. En cuanto al vodou y la danza, Deren observó que pequeños movimientos repetitivos eran sagrados. Estos movimientos están diseñados para inducir una posesión mediante trance por parte de los lúa. Incluso el movimiento repetitivo más insignificante puede provocar un estado elevado de conciencia en los devotos.

Deren también fue una de las primeras eruditas en el vodou en analizar la intensa conexión entre los danzantes y los tamborileros. En la religión vodou es casi como si existiera un cordón astral entre los danzantes y los tamborileros del hounfor. Los pies sagrados son guiados por las manos sagradas y viceversa.

En el vodou existen diversas danzas rituales para honrar a los lúa durante una ceremonia. Dos de las más populares son la *Yanvalou* y la *Banda*. La Yanvalou se ejecuta para honrar a la serpiente Damballa con una serie de ondulaciones y movimientos de cadera. Hay también un movimiento durante la danza que, se dice, era utilizado por los esclavos como una señal codificada para las revueltas. Parece una rápida decapitación, pero era más probable que se utilizará para incitar a la violencia contra los opresores cuando se presentaba la oportunidad. Este ritmo ha sido atribuido a la lúa Mamá Brigitte. Se suele tocar en ritmo de tres cuartos y es el preferido de muchos practicantes en todo el Caribe y Nueva Orleans.

La Banda se interpreta para los antepasados. Se dice que se originó en Martinica y África Occidental. Se utiliza en funerales y rituales para los barones y los gede, e implica una serie de movimientos de cadera mientras el ritmo se acelera hasta un clímax.

Un hermoso ejemplo de la danza haitiana ocurre en la película *Stormy weather* (Clima tormentoso). Con una coreografía de Dunham, la danza que acompaña la canción del título representa una hermosa pieza en donde los bailarines giran como un tornado para Oyá, la diosa de la tormenta.

La posesión en el vodou

El fenómeno de la posesión es el que se malinterpreta más a menudo en la cultura occidental. Muchas personas sienten temor y aprehensión cuando enfrentan la posibilidad de convertirse en un vehículo o "montura" para el lúa. No hay por razón para sentir esto. La posesión es una danza divina entre una persona y un dios. Si nos introducimos en la experiencia desde un espacio de amor puro, confianza y certidumbre, lo que sobreviene es una hermosa bendición desde lo divino. La posesión es una unión, un beso de los espíritus. Abrir los lazos de energía pura nos permite formar parte del oráculo, ser parte del hacedor de milagros, ser todo divinidad. Estas posesiones vuelven digna nuestra existencia, si somos afortunados. Debemos dar la bienvenida al oportunidad de convertirnos en instrumento de los dioses.

La fiesta del ñame

La fiesta del ñame en el vodou haitiano se celebra cada año durante el mes de octubre o noviembre. Es un festival sencillo diseñado para honrar a los antepasados y agradecerles una cosecha abundante. Se prepara una enorme cama ritual con hojas de plátano, las cuales se dice que permiten el regreso a África. Los participantes pueden sentarse en las hojas mientras esperan que preparen los ñames. Por fin, los ñames se colocan sobre la cama de hojas con velas y ofrendas de dinero. Las personas comen y beben, y se dan posesiones por parte de los lúa y los antepasados bien entrada la noche. El festival puede alargarse incluso a un segundo día. La ceremonia pretende recuperar una porción de la generosidad de los antepasados con el fin de asegurar el éxito a sus descendientes.

Los objetos mágicos del vodou

El vodou es una religión repleta con sus propios instrumentos y encantos mágicos. Estos objetos ayudan a atraer y complacer a los lúa. Algunos instrumentos sólo son utilizados por la mambo o el houngan, y otros son empleados por todos. El instrumento más sagrado para la mambo es el asón, que es una sonaja de calabacín sagrada, cubierta con cuentas y huesos. A veces, contiene vértebras de víbora y una campana pequeña. La mambo y el houngan emplean el asón para dirigir el ritual. Lo agitan para señalar a los tamborileros que cambien de ritmo, para bendecir a la congregación o para invocar a los lúa. Para algunos, es parte de una iniciación llamada la *prise d'asson*.

Cada lúa también tiene objetos sagrados que utilizan los integrantes de la congregación durante el ritual. Son cosas como el bastón de Legba o el machete de Ogoú. Sirven para apaciguar a los lúa. Se integran al espectáculo de la ceremonia de muchas maneras. Incluso en algunos momentos en el ritual en el Voodoo Spiritual Temple se ha incendiado un machete, literalmente para encender un cerillo para la ashé de Ogoú.

Sin embargo, el fuego no es el único modo de crear una chispa, un *Paquete Congo* es un manojo mágico para hechizos vodou que crea su propio tipo de calor. Dedicado a un lúa, el paquete se decora con lentejuelas y plumas. El Paquete Congo contiene en su interior hierbas y encantos específicos que ayudan a conseguir el resultado deseado. Es posible crear un paquete Congo para curación, riqueza, amor o cualquier otro propósito. Los colores e ingredientes utilizados son adecuados para el lúa específico. Los manojos se enrollan sobre sí mismos con listones de seda y tela para contener y envolver la magia dentro. Se piensa que son creados con ayuda de los antepasados y funcionan como energías protectoras colocadas para crear magia.

El calendario del vodou

Enero 6: Día de la fiesta Marassa para los gemelos divinos del vodou. Es el mismo día del Festival de los Reyes o Día de los tres Reyes para cambiar la fortuna.

Marzo 16: Fiesta de Loko Davi, el señor del asta central.

Abril 31: Fiesta de los antepasados para los muertos.

Junio 24: Día santo de la víspera de San Juan, para baños y bendiciones rituales en honor de Erzulie, la diosa del amor.

Julio 16: Festival de *Sau D'Eau*, el cual implica baños rituales en una cascada para los lúa Erzulie Freda y Damballa.

Julio 25: Fiesta para Ogún, el dios de la guerra y la tecnología.

Agosto 25: Fiesta para Damballa Wedó, la serpiente creadora en el vodou.

Noviembre 1 y 2: Fiestas para los gede y los antepasados no nombrados.

Noviembre 25: Mange Yam, o Fiesta de los Ñames, un festival de las cosechas.

Diciembre 8: Festival para honrar a Aida Wedó, la esposa de Damballa, para curar y para el amor.

Diciembre 10: Fiesta para Gran Bois, el lúa del bosque.

La mitología del vodou

Damballa y Aida Wedó son los lúa responsables de traer la religión vodou por mar y cielo de África a América. Estas divinidades son concebidas como serpientes. Con forma de serpientes, Damballa y Aida Wedó dejaron África con el antiguo conocimiento del vodou. Damballa tomó la ruta bajo el océano, mientras que Aida Wedó arqueó su cuerpo de serpiente por el cielo para coronar el arco iris. Se encontraron en la isla de Haití, y se entrelazaron en un abrazo de amor que dio a luz la religión vodou.

Los Marassa son los gemelos sagrados del vodou haitiano. Se llaman Mawu y Lisa y son la luna y el sol, una simetría divina de las energías femenina y masculina del cosmos. Juntos, crearon a los hijos del mundo. Según la leyenda, al principio estaban separados y vivían en lados opuestos del cielo, hasta que un día hubo un eclipse. De manera literal y figurativa, se unieron y crearon siete pares de gemelos. Los gemelos son una bendición de gran fortuna en toda la Diáspora Africana y estos son los siete pares de lúa gemelos que comenzaron todo.

Los gemelos de la tierra nacieron primero, seguidos por los gemelos del cielo: el trueno y el relámpago. Siguieron los gemelos del hierro, luego los gemelos del agua. Las bestias tuvieron su propio grupo de gemelos, al igual que los árboles, el grupo final de gemelos fue para el espacio intermedio entre la tierra y el cielo. Mawu y Lisa indicaron a todos los grupos de gemelos que escucharan y cuidaran a los humanos, y que les informaran cuanto fuera necesario. Por esa razón los lúa están en los ríos, los árboles y el trueno, los cuales rodean a todos. La dualidad inherente en los gemelos divinos hace posible no sólo la creación de los opuestos, sino también permite que las personas tengan un modo de concebir el regreso a lo divino.

La botánica del vodou

Esta es una lista parcial de las hierbas y plantas sagradas que se utilizan en el vodou haitiano:

Albahaca: Sirve para limpias y exorcismos.

Laurel: Sirve para otorgar justicia, guía y dirección.

Calabacín: Es útil para contener las ofrendas para los lúa.

Algodón: Es sagrada para Damballa y Mamá Brigitte; sirve para representar el silencio que puede alabar.

Harina de trigo: Se utiliza para los vevés.

Mombina: Una hierba para la purificación.

Palma: Es sagrada para Ayizán; sirve para limpias y para proteger.

Ñame: Un alimento sagrado útil para honrar a los antepasados.

Almendro: Es susceptible al mal, de modo que hay que plantarlo lejos de la casa.

Abedul: Se utiliza para deshacerse de los enemigos.

Tabaco: Sirve para protección.

Aguacate: Funciona como elemento de curación.

Plátano: Es útil para el conocimiento, la sabiduría y la paz.

El vodou para turistas

Es difícil predecir la dirección que tomarán las prácticas del vodou haitiano. Todavía existe una ciudadela de devoción en el campo y en los centros urbanos como Puerto Príncipe. Asimismo, el vodou se ha vuelto una atracción turística durante los últimos cien años. Esto ha provocado lo que denomino "iniciaciones de taxi". Es cuando los turistas pagan cientos o miles de dólares a alguien no calificado por una iniciación rápida en el vodou. A fin de cuentas, esto pone en riesgo a la religión, una religión basada en fuerzas poderosas que requieren una considerable capacitación para trabajar con ellas. Es evidente que la desesperada realidad económica en Haití es una de las raíces que provocan estas prácticas descuidadas. Debemos esperar que, en el futuro, las personas sean más cuidadosas y respetuosas.

El vudú y el hudú de Nueva Orleans: lo sorprendente y lo oscuro

No existe un registro oficial de cuándo se introdujo la religión vudú en los Estados Unidos, pero casi todos los eruditos aceptan que ocurrió en Nueva Orleans a finales del siglo XVIII. Se sabe que llegó a la ciudad en los corazones y en las mentes de los esclavos que llegaron desde diversos lugares: África, Guadalupe, Martinica y Santo Domingo. Se ha calculado que entre 1805 y 1810 alrededor de diez mil refugiados del Caribe llegaron a la ciudad.

La historia del vudú en Nueva Orleans es interesante. Está condimentada con personajes exóticos con nombres como Sanite Dede, Bayou John, Marie Laveau, Leafy Anderson, Lafcadio Hearn y otros.

El dato histórico más antiguo de una sacerdotisa vudú en Nueva Orleans se refiere a Sanite Dede, una mujer libre con antepasados mestizos de Santo Domingo. Se le reconoce haber operado un templo vudú para diferentes razas en 1822. Un relato de una de sus ceremonias fue publicado en la revista *Century*. Según se cree, el informe provenía de un adolescente que afirmó que había sido conducido a la ceremonia por uno de los esclavos de su padre. Ahí, presenció una juerga de tambores, baile y posesión.

Nueva Orleans, también conocida como la Ciudad de la Media Luna, ofrece relatos vudú sorprendentes y oscuros.

La magia siempre es una combinación de lo tangible y lo intangible, lo físico y lo etéreo. Funciona en su propio mundo y desafía la necesidad de una explicación lógica. Los rituales de Marie Laveau, la famosa reina del vudú de Louisiana, no son la excepción. Mademoiselle Marie vivió aproximadamente de 1794 a 1881 (los expertos tienen definidas desavenencias acerca del año de su nacimiento). Fue la primera en danzar con serpientes durante un ritual. Vestida como una gitana, cargaba a su serpiente, Zombie, la cual se sabía era venenosa y medía casi siete metros. La alimentaba con sandía, y la alojaba en una caja de alabastro. La danza ritual de Laveau imitaba a la de la serpiente: con los pies plantados firmemente en el suelo, daba vueltas, se retorcía y giraba en el aire de Louisiana. Su poder es legendario.

Laveau fue la indiscutible reina del vudú cuando tenía treinta y seis años. Alcanzó su posición debido a su firme voluntad, su aptitud y su espíritu. Se cuenta que la reina Victoria buscó los servicios de adivinación de Laveau, y una leyenda dice que fue visitada por el marqués de Lafayette. Se afirma que tenía éxito debido a la publicidad. Uno de los relatos más fantásticos que la rodea proviene de su trabajo en una prisión. En 1852, se informó que había pospuesto con magia las ejecuciones de Jean Adam y Anthony Deslisle. Estos hombres habían sido condenados por asesinar a una sirvienta mientras robaban una casa. Laveau era famosa por su trabajo con los prisioneros. En el brillante y soleado día en el que fueron sentenciados a muerte, ella les había llevado una ración intoxicante de sopa de quimbombó de Lousiana. En cuanto fueron conducidos al exterior, el cielo se oscureció y el viento comenzó a rugir. Se inició una atronadora tormenta y cuando pusieron los dogales a los hombres, éstos se rompieron y cayeron al suelo. La multitud arremetió contra las horcas. Por desgracia, la ejecución sólo se retrasó diez minutos. Sin embargo, todos los asistentes atribuyeron el extraño suceso a Laveau.

La tumba de Marie Laveau, Cementerio núm. 1 de San Luis, Nueva Orleans

Existen muchas narraciones míticas alrededor de Mademoiselle Marie. Algunas dicen que caminaba sobre el agua, se hundía y revivía. Sus talentos eran numerosos y omnipotentes, y su fama era todavía más impresionante. Su tumba todavía es un lugar de poder y ritual, incluso es más visitada que cualquier otra tumba en los Estados Unidos, excepto la de Elvis Presley. Se dice que los objetos que rodean su tumba, como las piedras, las cercas y demás, traen buena suerte a quienes los tocan. Por desgracia, muchas personas han arrancado trozos para llevarlos consigo y, por eso, la tumba está muy deteriorada. Sus actividades después de la muerte continúan de una manera inusual, porque numerosos sucesos todavía son atribuidos a la gran sacerdotisa.

La religión misma todavía prospera en la ciudad, a pesar de que muchas personas la consideran una simple atracción turística. Los tambores, la danza y la ceremonia todavía son

79

una parte fundamental de la experiencia vudú en Nueva Orleans. El registro histórico muestra que los esclavos y las personas libres de color celebraban danzas rituales públicas en el siglo XIX, iguales a las que se celebran en la actualidad.

En Nueva Orleans se honran a diversos dioses, los tradicionales de los panteones de Haití y de Cuba, al igual que a los visitantes de otras tradiciones religiosas como el hinduismo y el budismo. Louis Martinié del Voodoo Spiritual Temple explica que: "El vudú adopta una forma específica para un lugar y una época". La pasión de Laveau por las serpientes continúa en la ciudad y todavía prosperan dioses y diosas como Damballa, Aida Wedó, y Simbi. Las giras del vudú recorren todo el barrio francés y los más aventurados pueden acudir al cementerio a dejar una ofrenda para Laveau, o bailar la bambula en la plaza Congo, la cual ahora forma parte del recientemente cristianizado parque Louis Armstrong. Como es una alternativa económica viable para muchos residentes de la ciudad, es evidente que en ese lugar algunas personas comercien con la religión sin tener la aptitud requerida. No dude en confirmar la reputación de su practicante. Algunas divinidades son manifestaciones únicas del área de Nueva Orleans. La primera de ellas es Papá Lebat.

Los lúa

Papá Lebat

Debido a que funciona en el mismo nivel que Legba o Eleguá, este lúa es invocado al principio de cada ritual. Se le llama así por el padre misionero Jean Baptiste Lebat. A fines del siglo XVII y principios del XVIII, Lebat intentó erradicar el vudú del área. Como es común en la lógica del vudú, se le concede la responsabilidad para la función opuesta a la que realizó en el mundo físico. De este modo, los seguidores utilizan su nombre para su propio provecho. Los practicantes piden que Papá Lebat abra el camino, que abra la puerta para que ellos viajen y sirvan.

Annie Christmas

Parece que también Annie Christmas es una lúa única para el área de Nueva Orleans. Es la encarnación femenina de Ogoú. La leyenda dice que trabajó en el ferrocarril en la antigua Nueva Orleans. Se le honra con el sonido del metal y se le ofrendan los mismos alimentos y bebidas que a Ogoú, como carne casi cruda y ron.

Ogoú

Las versiones haitiana y africana de Ogoú también son reverenciadas aquí. Louis Martinié, coautor de *New Orleans voodoo tarot*, es un maestro de las aguas mágicas. Una de sus preparaciones para Ogoú implica hacer un cocido de hierro para Ogoú con metal oxidado, recogido de los bosques, clavos, una cabeza de martillo y otros pedazos encontrados. Después se utiliza como ofrenda para las ceremonias de Ogoú.

LaSirene

LaSirene también encuentra un lugar en esta ciudad acuática. En particular, es reverenciada por la mambo Sallie Ann Glassman, esta lúa del mar es una hechicera. Bendice a la congregación con el don de la música y el canto. Se le ofrendan camarones, mariscos y agua del mar.

Mami Water

Mami Water, o Mami Wata, la deidad yoruba, también reaparece en el linaje espiritual de Nueva Orleans. Le cantan dulces canciones y le agradecen sus consejos amorosos. La sacerdotisa Miriam del Voodoo Spiritual Temple una vez la invocó para bendecir el rocío de la lluvia que nutre la tierra.

Ayizán

El canon es distinguido por la presencia de la lúa Ayizán. Al evocar la energía de la sacerdotisa, o mambo, del templo, representa el amor y la iniciación. Enseña a sus hijos las alegrías de la devoción. Ayizán se suele representar con el color rosa y se le ofrendan jarabe de caña de azúcar, ñames y plátanos. Tiene una asociación especial con las hojas de palma y es común ver que los practicantes las recogen los domingos para recibir bendiciones de ella. Se dice que es la esposa de Papá Loko, el guardián del templo, y como tal es una fuerza terrenal y estimulante para toda la comunidad.

Madame LaLune

Madame LaLune es la diosa de la luna. A esta diosa se le ofrendan pastelillos de arroz, cuernos y galletas en forma de media luna. Representa los misterios de lo desconocido. Las heladas planicies de la luna, frías y poderosas, son parte de esto.

Oshún y Erzulie

En Nueva Orleans se da una síntesis multifuncional con los practicantes y las prácticas de todo el mundo. Nadie cuestiona la incorporación de las prácticas celtas, egipcias, budistas, estregas, hindúes o bautistas. A veces se honran versiones diferentes de la misma deidad, como ocurre con Oshún y Erzulie Freda Dahomey. Es posible afirmar que estas dos energías representan la misma función: el amor. Sin embargo, en Nueva Orleans se distinguen los dos reinos. Erzulie

Freda es la diosa que llora porque el mundo siempre la decepciona. Los hombres y la humanidad nunca cumplen sus expectativas, de modo que a menudo es abrumada por este conocimiento y es consumida por las lágrimas. Sin embargo, Oshún, quién es representada con un aspecto lastimoso en la teología del yoruba y en la práctica de la santería, se entrega a la sensualidad pura. Ella sabe que sus caderas generan ideas y acción, y eso le encanta. Ya que es el epítome del amor sensual y el indispensable deseo, siempre es incluida en una ceremonia.

Damballa y Aida Wedó

Aunque no son exclusivos del área de Nueva Orleans, los dioses serpientes Damballa y Aida Wedó son adorados aquí. Mi serpiente personal y la serpiente del Voodoo Spiritual Temple se llaman igual que la diosa Aida Wedó. Las ofrendas para estas divinidades en Nueva Orleans son harina de maíz, donas espolvoreadas, almendras confitadas, leche, huevos pintados con los colores del arco iris y otras ofrendas comunes de Haití.

Los antepasados

El aura de los muertos se filtra por todo Nueva Orleans. Existe una atención ritual en la curación y las ceremonias con tambores y danzas. El Voodoo Spiritual Temple, al que pertenezco, realiza varias ceremonias para los antepasados cada año. El sacerdote Oswan Chamani pasó al mundo de los invisibles en 1996. El templo sigue honrándolo como parte de su propio linaje ancestral, junto con otros integrantes del templo que están en el otro lado.

Los espíritus de los antepasados siempre han sido fuertes en la región, de modo que, sobre la superficie, los muertos se escuchan con facilidad. Los practicantes visitan con regularidad el cementerio para dejar ofrendas de alimentos, flores, alcohol y palabras de agradecimiento. Oyá, la señora del cementerio en la santería, también tiene un lugar destacado en la religión de Nueva Orleans. A Oyá le ofrendan berenjenas, vino tinto, uvas rojas o negras, ñames, para mostrar su relación con África, y el plato tradicional de Nueva Orleans, frijoles bayos y arroz.

El nuevo Museo del vudú de Nueva Orleans tiene incluso su propia Galería de fantasmas, y exhibe fotografías con manifestaciones de los espíritus. En el 2000, participé en la ceremonia de dedicación de la galería, la cual ha sido cerrada. Ahí, se honraban varios lúa de los muertos, los barones, los gedes, Oyá y Mamá Brigitte, por mencionar algunos.

El hudú

Las prácticas que suelen agruparse bajo el hudú han sido descritas de muchas maneras, desde una religión devota hasta un engaño absoluto. Los tipos más formales de la religión han ocurrido en Louisiana y Carolina del Sur. Catherine Yronwode, Zora Neale Hurston y Jim Haskins han efectuado mucha investigación en esta área. El hudú conlleva la utilización de medicina herbal y animal, al igual que magia para obtener los resultados deseados por los practicantes. Sus seguidores suelen preparar tiendas, curaciones con ofrendas y cursos. Se suelen referir a sí mismos como médicos de raíces u hombres y mujeres de dos cabezas. Las dos cabezas se refieren al hecho de que se cree que tienen el poder para ver en los mundos físico y espiritual. Estos practicantes también suelen funcionar como entidades independientes, que dirigen el negocio de una sola persona para apoyar las necesidades de la zona. Se dice que los médicos del hudú siempre tienen una mano, un ojo o un pie en ambos mundos: el visible y el invisible.

El Dr. John fue el más famoso tamborilero en la historia de Nueva Orleans. Los registros de la época están incompletos, pero es muy probable que haya vivido de 1801 a 1885. Su nombre real era John Montanet (también se escribe Montane o Montancé) y era oriundo de Senegal. Se dice que el Dr. John era un médico de raíz e incluso en un censo fue declarado como "curandero". En realidad, los practicantes del hudú en el sur de los Estados Unidos creaban mezclas herbales que satisfacían una necesidad vital en las comunidades rurales debido a su escaso o ningún acceso a la atención médica. Las preparaciones proporcionaban a los usuarios una sensación de control sobre sus vidas, las cuales solían estar asoladas por dificultades relacionadas con la ley, la salud, las finanzas y el amor.

El hudú ofrecía soluciones para casi cualquier problema, desde un compañero infiel hasta el robo de ganado. Las hierbas y los objetos utilizados en la magia hudú tradicional iban de lo mundano a lo extraño. Los practicantes solían utilizar juncia para casos de cortejo; sarapia para la suerte en las apuestas y para cumplir los deseos; tierra de panteón para las maldiciones y para honrar al reino de los antepasados; polvo de arcilla roja para protección; huesos de pene de mapache para la virilidad y la potencia; y huesos de gato negro para la fuerza. La hierba más popular era la raíz de conquistador; para obtener los máximos resultados de ella se acostumbraba "fijarla" o prepararla para uso mágico, ya fuera como un objeto para llevar en el bolsillo o en una bolsa de amuleto. Estos son dos de los muchos modos de fijar la raíz de conquistador.

Para atraer el dinero: Envuelva un billete con raíz de conquistador y guárdelo en su bolsillo. (Algunas personas utilizan nuez moscada del mismo modo.) Frote a menudo la raíz, o el billete, con aceite de raíz de conquistador. Entre más alta sea la denominación del billete, más éxito tendrá el hechizo.

Otro modo de atraer dinero: Envuelva la raíz de conquistador y una moneda de plata en un billete; doble el billete hacia usted, no hacia fuera. Si las fechas de la moneda y el billete son de años bisiestos, mejor. Colóquelos en una bolsa de amuleto (de franela) verde o roja, y frótelos con aceite para atraer dinero. Utilice la bolsa cuando juegue a la lotería o apueste, o póngala cerca de la puerta de su negocio para atraer el dinero mediante su fuerza personal.

Varias de estas prácticas derivadas del hudú todavía se emplean en Nueva Orleans y en el sur de los Estados Unidos.

Los santos vudú y del hudú de Nueva Orleans

Muchas de las prácticas del vudú y el hudú contienen elementos del cristianismo. Los seguidores suelen dedicarse a la bibliomancia, o adivinación con la Biblia, y confían en los santos y en los salmos como parte de sus rituales. Se implora por le ayuda de los santos en las situaciones difíciles, y los salmos sirven como encantamientos mágicos y se repiten durante las actividades del ritual. Recuerdo la primera vez que asistí a una ceremonia en donde alguien quedó poseído por Jesús. La impresión y la sorpresa fueron abrumadoras. Después el houngan (sacerdote) me dijo que esto ocurría a menudo. Me explicó que Jesús no se comporta como los lúa durante la posesión, y a veces cuesta trabajo convencerlo de que se despida, porque suele querer dar un sermón. Diversas prácticas siempre están en un coro ecléctico en las tradiciones del hudú y el vudú. Los santos católicos reales e inventados adornan la lista de quienes son adorados en el vudú de Nueva Orleans. Se acude a los santos para solucionar todo tipo de problemas:

San Pedro, con sus llaves, ayuda a que las personas resuelvan las situaciones complicadas. Pero se debe tener cuidado, porque se dice que es un santo incontrolable que puede castigar tan rápido como otorga bendiciones.

San Antonio se cuelga dentro de la casa, detrás de la puerta principal, para guiar la fe al interior. También ayuda a quienes han perdido algo.

San Raymundo es el santo al que se acude cuando se requiere mantener alejada a la ley.

San Expedito es por mucho el santo más popular. En realidad no es un santo. Su nombre proviene del sello EXPEDITE (despachar) que estampaba el servicio postal de los Estados Unidos. Los practicantes se dieron cuenta de que esta palabra realizaba una magia eficaz y comenzaron a orar por San Expedito. Se encuentran velas y ungüentos para este veloz y eficaz santo en casi todas las tiendas de hierbas o de artículos para la santería.

Santa Rita es la señora divina que ayuda a las mujeres que padecen violencia doméstica. Si usted tiene este problema, llame de inmediato a la línea de apoyo contra la vio-

lencia doméstica de su ciudad. Se dice que la santa pade-
ció las agresiones de su esposo durante dieciocho años,
antes de que él muriera y ella entrara a un convento. Se
dice que Santa Rita está presente cuando las rosas flore-
cen fuera de temporada.

Santa Marta es reverenciada en Nueva Orleans como la
patrona de los tamborileros. Sus acciones son poderosas
y rápidas. Suele ser dibujada con serpientes o un dragón
mítico de tres dedos. Es invocada por las mujeres que
buscan un esposo.

Santa Dimna es la patrona de los enfermos mentales y de
quienes padecen colapsos nerviosos. Igual que Santa
Rosa, Dimna sufrió abusos de un familiar y ofrece a las
devotas fortaleza ante lo que parece una dificultad imposible de superar.

Estatua de Santa Dimna,
Nueva Orleans

María Magdalena es reverenciada en el vudú de Nueva Orleans por las trabajadoras sexuales y las mujeres que tienen problemas en sus relaciones. Las devotas reverencian
y mencionan su sexualidad sagrada.

San Martín de Porres lucha contra la injusticia racial, y por eso tiene un lugar especial en los corazones de los seguidores afroamericanos del vudú. Se le asocia con Changó y también es reverenciado por los peruanos. Santa Ana es la patrona de las abuelas —ya que fue la abuela de Jesús—, las esposas y las madres. La oración que se repite para encontrar un compañero es: "Santa Ana, Santa Ana, tráelo por la mañana". San Pablo es representado blandiendo una espada. Como patrón de los escritores y periodistas, tiene un lugar de honor en esta ciudad donde alguna vez vivieron genios literarios como Tennessee Williams y Charles Bukowski.

La adivinación

En el vudú de Nueva Orleans hay varios tipos de adivinación tradicionales y no tradicionales. El sacerdote Louis Martinié, del Voodoo Spiritual Temple, es coautor de *New Orleans voodoo tarot*. La baraja funciona como un magnífico recurso para la adivinación y la meditación, es empleada en todo Nueva Orleans y por la comunidad vudú. Además de este método, los seguidores del vudú también utilizan la lectura de la palma de la mano, la geomancia (con huesos y piedras preciosas), la astrología y otras formas de adivinación. Se programan consultas con regularidad para enfrentar todos los aspectos de la vida. Los practicantes de la santería y la ifa también confían en la adivinación realizada con conchas y bayas específicas. Los practicantes reciben una lectura diaria o semanal, para asegurarse de tener una guía adecuada por la ruta correcta.

El arte vudú y hudú de Nueva Orleans

El arte de las prácticas del vudú y el hudú en el sur de los Estados Unidos es una enorme combinación. Están presentes lo tradicional y lo iconoclasta. Artistas como Sally Ann Glassman, Nema y el fallecido Charles Gandolfini adoptan la forma clásica del vevé haitiano y la extienden hasta su propia obra. La interpretación de Nema del vevé de Erzulie como el corazón palpitante, cuelga en el Voodoo Spiritual Temple de Nueva Orleans como parte de la capilla de Erzulie.

La música vudú y hudú de Nueva Orleans

La música es inseparable de la imagen de la ciudad de Nueva Orleans. El blues, el jazz, y el zydeco resuenan aquí. Lugares como el muy llamativo barrio de Storyville fueron testigos de cómo maduraron el vudú y el jazz uno al lado del otro.

Muchas canciones del blues hablan directamente sobre el hudú y sus prácticas, y subrayan su importancia. El blues, el jazz, el vudú y el hudú se asocian erróneamente con el diablo. Sin embargo, el diablo del hudú no incorpora la maldad como el concepto cristiano querría que lo observáramos. Este diablo, también descrito como "el viajero" o "el hombre negro grande", abre sus caminos y otorga talento del modo que usted lo solicite, ya sea destreza musical, éxito en el juego o encontrar oro.

Existe una leyenda infame sobre el guitarrista Robert Johnson, el mejor intérprete de blues que ha existido, que afirma que vendió su alma al diablo en una encrucijada a la medianoche. Johnson nació en Mississippi en 1911, se cree que siempre había sido un músico mediocre. Después de que fallecieron su esposa y su bebé, abandonó el circuito del blues a principios de la década de 1930. Cuando regresó convertido en un gran guitarrista comenzaron a circular los rumores. Se supone que afiló sus uñas mientras bajaba al abismo, luego el diablo y él intercambiaron sus guitarras. Se dice que vendió su alma al diablo a cambio de su nuevo talento musical. No existe ninguna evidencia de que ocurriera adoración satánica. Es más probable que Johnson, quien era famoso por cantar acerca del "amuleto" y el "polvo de pata caliente" del hudú, haya hecho una ofrenda a Papá Lebat o Legba en las encrucijadas. Los momentos sagrados de Legba en el día son la medianoche y el mediodía. En los demás momentos, todos están al borde del abismo, igual que Legba está en el borde del mundo humano y el mundo de los lúa. Johnson se convirtió en una figura histórica del blues y la leyenda se ha mantenido desde entonces.

El gran músico de jazz Louis Armstrong es sinónimo de la ciudad de Nueva Orleans, y su relación con el hudú y el vudú es una consecuencia natural. En las religiones, Armstrong es tratado como un espíritu reverenciado de los antepasados. Se ha cambiado el nombre del parque que aloja la plaza Congo, donde se han practicado los ritos sagrados del vudú durante más de cien años, a parque Louis Armstrong. La estatua de Armstrong saluda a las personas cuando cruzan las puertas. Frente a estas puertas la policía estuvo una vez en un vano intento por intimidar a Marie Laveau, la gran reina del vudú, para obligarla a detener sus rituales. Los practicantes dejan ofrendas en este parque para honrar a Armstrong y toda la magia que se ha dado ahí.

La muerte de Ray Charles causó una gran tristeza en la ciudad de Nueva Orleans. En el momento de su muerte se realizaban varias festividades en su honor, y la gente desfilaba por las calles con música de jazz. Estas ceremonias se celebran para funerales, bodas, nacimientos y otros motivos.

Muchos lamentaron lo de Charles y sintieron que necesitaban honrarlo cuando cruzara a la tierra de los antepasados. Los practicantes del vudú lo incluirán en la lista de los muertos reverenciados, algún día naciente bailarán sobre un vevé de anteojos para el sol y una gran sonrisa para Ray Charles.

Los nuevos objetos mágicos del vudú y el hudú de Nueva Orleans

Gran parte de la filosofía vudú y hudú de Nueva Orleans se basa en el principio de que todas las personas y las cosas poseen una ashé (fuerza y energía espiritual) divina. Por lo tanto, algunas de las personas y cosas más singulares reciben honores e importancia sagrada en las religiones. El Voodoo Spiritual Temple de Nueva Orleans tiene incluso un globo de espejos colgado en honor de los lúa. Esto ilustra el principio de que todos necesitan divertirse, hasta los lúa.

Nueva Orleans es una ciudad grande que, igual que casi todas, tiene una severa crisis de desamparados. Sin embargo, aquí esos desamparados reciben un trato especial. Son considerados como mensajeros de lo divino y, como tales, pueden conferir bendiciones especiales. Los seguidores del vudú esperan con ansiedad encontrarse con la "dama de los abalorios" o el "chico de las hierbas" en su bicicleta. Estas personas, aunque no poseen nada, reciben la deferencia y el respeto que merecen los demás. Se dice que los objetos obtenidos de ellos tienen una ashé enorme.

Las máscaras adornadas son otro elemento de la tradición vudú de Nueva Orleans. Las máscaras vudú rinden homenaje a los indígenas del Martes de Carnaval, quienes, de hecho, no son indígenas en absoluto. Son las *krewes*, u organizaciones, del Martes de Carnaval, formadas principalmente por afroamericanos del centro de la ciudad. El nombre indígenas del Martes de Carnaval fue tomado como muestra de respeto hacia las tribus nativas de Louisiana que ayudaron a escapar a los esclavos. Las máscaras y tocados de los indígenas del Martes de Carnaval se utilizan en el vudú para saludar una tradición vigente durante más de cien años.

El vudú y los indígenas del Martes de Carnaval rinden tributo al espíritu de Halcón Negro, quien fue un estadounidense nativo del siglo XIX. Peleó valientemente para recuperar las tierras de su tribu requisadas por el gobierno y los colonizadores blancos. Abraham Lincoln fue parte de la milicia que trató de capturar a Halcón Negro. Terminó por ser derrotado en Bad Axe en el río Mississippi. Para los practicantes del vudú, Halcón Negro representa la lucha por la justicia racial. Las personas encienden velas y dejan ofrendas de salvia, tabaco, plumas y huesos de animales. La población de Nueva Orleans está formada, en su mayoría, por personas de color, de modo que es evidente la importancia de la igualdad racial. Las máscaras heredadas utilizadas por los indígenas del Martes de Carnaval recuerdan a los practicantes que, a veces, es necesario ocultar el rostro para desafiar al enemigo.

El *irukere*, o látigo de cola de toro, es otro objeto sagrado utilizado en el vudú. Se consagra a Oyá y, en raras ocasiones, a Obatala. Durante un ritual, el látigo se utiliza para mantener alineadas las corrientes espirituales. Se presenta a los puntos cardinales y después se utiliza para bendecir a los participantes. La ashé de los antepasados se concentra mediante el empleo del látigo.

El calendario vudú y hudú de Nueva Orleans

Martes de carnaval (el día anterior al Miércoles de ceniza).

23 de junio: La víspera del día de San Juan y el día de San Juan (24 de junio), se han celebrado en Nueva Orleans desde la época colonial. Para los practicantes del vudú en la ciudad, se celebra que el día es uno de los más largos del año. Es un momento que sirve para la limpieza y la curación.

La mitología vudú y hudú de Nueva Orleans

En una ciudad famosa por sus tambores y sus tormentas, es normal que las deidades Changó, señor del trueno y los tambores, y Oyá, señora del relámpago y la tormenta, tengan un lugar especial en los corazones de los practicantes del vudú. El siguiente es un relato acerca de cómo el trueno y el relámpago llegaron a combatir uno al lado del otro en una batalla.

El señor Changó una vez fue un rey y, como tal, libró muchas guerras amargas y aguerridas. Valiente y osado, Changó montaba su corcel y se dirigía a una batalla. Después de una lucha muy extensa e infructuosa, Changó se encontró arrinconado en el bosque. Empleó su última reserva de fuerza para escapar a la casa de su esposa, Oyá, en medio de los bosques. Demasiado debilitado para continuar la lucha, le pidió ayuda. Ella le preguntó porque sólo la buscaba cuando necesitaba ayuda. Changó explicó que estaba herido y necesitaba escapar por un tiempo y recuperarse. A Oyá, la ashé del relámpago y el viento, pronto se le ocurrió un ingenioso plan. Le dijo que cuando llegara la noche se pusiera su vestido. Cuando se ocultó el sol, ella cortó su cabellera y la trenzó con el cabello de Changó. *Después de caminar toda la noche, Changó consiguió pasar al campo enemigo sin incidentes. Después de descansar algunos días, Changó comenzó su ataque otra vez. Utilizando todavía las ropas y la cabellera de Oyá, confundió a sus oponentes, quienes creían que Oyá se había convertido en Changó. Creyeron esto hasta que Oyá se unió a su esposo en la batalla, matando y gritando. La pareja consiguió la victoria y desde entonces han peleado uno al lado del otro; Changó es la ashé del trueno y Oyá es la ashé del relámpago.*

La botánica vudú y hudú de Nueva Orleans

Albahaca: Curación y exorcismo.
Alcanfor: Limpieza y expulsión.
Achicoria: Para los antepasados.
Copal: Curación y felicidad.
Ciprés: Protección y conocimiento de secretos.
Higo: Para provocar enfermedad.
Cincoenrama: Dinero, felicidad.
Incienso: Bendición.
Geranio: Problemas legales.
Raíz del conquistador: Riqueza, justicia, felicidad.
Hisopo: Protección.
Jalapa: Éxito.
Jazmín: Dinero y amor.
Lavanda: Hierba para muchos propósitos.
Bálsamo de limón: Amor y alegría.
Verbena de limón: Amor.
Piedra de imán: Apuesta y suerte en las finanzas.
Mirra: Curación, limpieza, protección, para cambiar la suerte.

Arrayán: Amor.
Aceite de oliva: Curación, conocimiento.
Pachuli: Amor y pasión.
Hierba de San Juan: Curación, suerte.
Sasafrás: Para obtener ayuda de sus antepasados.
Semillas de ajonjolí: Dinero, exorcismo, protección contra la muerte.
Barba de monte: Poder espiritual, protección de los antepasados.
Hierbabuena: Éxito.

La sacerdotisa Miriam Chamani del Voodoo Spiritual Temple (vestida de blanco) con la autora

Crezca

El vudú y el hudú de Nueva Orleans siempre han sido tradiciones incluyentes. Si funciona, los practicantes lo intentarán aquí. Las religiones cambian, crecen e incorporan nuevos elementos constantemente. Cuando recibí la bendición de Año Nuevo del Voodoo Spiritual Temple, se refirió a que ser uno mismo generara el crecimiento. Hacer que crezcan el cuerpo y la mente a nuevos reinos para percibir conceptos y energías novedosos que prolonguen la tradición. El nuevo milenio ya ha traído éxito y popularidad a la religión, y es muy probable que esa tendencia se mantenga.

La santería: el dominio de lo divino

Una de las variaciones más formales de la religión surgida en África se encuentra al examinar las ideas y las prácticas de la santería. La religión también se llama Regla de Ocha, El dominio de lo divino o Lucumi, una palabra afrocubana que describe las prácticas religiosas derivadas del yoruba en África Occidental. En la santería la tradición es primordial: las prácticas de la religión fueron traídas por los esclavos, y desde esa época las personas nunca han dejado de enfatizar la importancia de efectuar las prácticas de manera correcta. Incluso con el desasosiego político reciente en Nigeria y otras partes de África Occidental, muchos devotos de la santería han regresado al área para confirmar que sus ideas religiosas están de acuerdo con las de su país natal espiritual.

Las divinidades de la santería se llaman orisha. Son numerosas, y en ocasiones se dice que existen hasta 401 orisha diferentes. Se supone que el número 401 indica tantos orisha como una persona pueda pensar (400) y uno más. Cada uno tiene sus propios colores, días rituales para adoración y ofrendas, días festivos, collar ritual o *eleke*, hierbas, alimentos, bebidas y santo utilizado para representar al orisha cuando se prohibieron las imágenes que tenían un aspecto africano más tradicional.

Los orisha

Olorún

Quien encabeza el camino en el panteón, el dios supremo, a falta de uno mejor, es Olorún. También conocido como Olodumare u Olofin, este orisha es visto como un ser supremo, y ese representado por una paloma. Olorún no suele manifestarse mediante una posesión durante las ceremonias, y no se hacen sacrificios ni ofrendas para esta energía. Se dice que este dios original preside en silencio todas las acciones.

Eleguá

Eleguá es el dios embustero de las encrucijadas. Es similar a Eshú, y es responsable de abrir las rutas para las personas, y de permitir la comunicación entre los humanos y los dioses. Suele representarse en los altares de la santería mediante una cabeza de concreto, con ojos de conchas de ciprea llenas de diversas hierbas rituales y objetos mágicos. Los colores asociados a él son el rojo y el negro. Sus números son el 3 o el 21, y este último representa la cantidad de rutas o avatares que posee. Enseña a quienes son lo bastante inteligentes para escuchar de él lecciones de humildad. La enseñanza críptica de Eleguá es legendaria. Habla en acertijos y siempre es difícil de comprender.

Sus colores y sus tortuosas maneras han hecho que se le confunda con el diablo. Se le identifica con San Antonio, el Niño de Atocha y el alma solitaria o *anima sola*. Eleguá es como un ladrón, siempre tortuoso, que rOba y se ríe. Las oraciones para él solicitan ayuda para abrir puertas, caminos y rutas para después cerrarlas. No toda la magia pide abrir cosas; a veces, es necesario extinguir las fuerzas opuestas para que ocurra un progreso verdadero. En la santería, Eleguá es consultado a menudo por medio de la adivinación, para que los devotos conozcan el curso de la acción a seguir.

Eleguá suele ser representado con un coco, una cabeza de cemento con ojos de conchas de ciprea o una piedra. En ocasiones, también se le representa con la imagen católica de San Antonio o San Pedro. Todos estos objetos suelen adornarse. Un practicante me regaló un coco rasurado y pintado mitad rojo y mitad negro. Varias cabezas de cemento de Eleguá han sido adornadas con sombreros y otros tocados. Igual que las figuras de Eshú en el yoruba, casi todas presentan alguna clase de navaja o clavo que sobresale de su cabeza.

Ogún

Junto con Eleguá, Ogún y Ochosi forman la Trinidad de los guerreros. Los tres viajan juntos y se considera que son hermanos. Los tres abren nuestras rutas, eliminan los arbustos y nos guían por el camino. Sin su ayuda, no puede ocurrir ninguna acción real en el reino físico o espiritual.

Un altar para Ogún

Ogún es la ashé del hierro y de la forja ardiente al blanco. Es un orisha antiguo, es el patrono de los herreros y también es responsable de la guerra, las curaciones y la tecnología. Es el símbolo del lugar donde se cree que habita: el bosque. Pasa mucho tiempo aislado, dedicado a sus quehaceres. Esto no necesariamente debe considerarse como soledad, sino como una devoción definida a la tarea que enfrenta. Además del bosque, en la tradición de la santería, las residencias de Ogún son: las vías de ferrocarril, el hospital, internet, y el mecanismo de un arma.

En algunas casas le ofrendan un tipo especial de ron llamado *chamba*, en el cual se vierten diferentes tipos de pimientos picantes y pólvora. Se suele usar para probar la experiencia de posesión de una persona, porque sólo una verdadera manifestación de Ogún puede tomar un trago de *chamba* sin alterarse. La época moderna lo ha transformado no sólo en el patrono de los herreros, sino de los curanderos, los militares, los policías, los bomberos, los ingenieros y de las personas que trabajan con automóviles y computadoras. Es la divinidad que aprueba todo sacrificio, bajo su dominio están todas las navajas, machetes, cadenas, martillos y palas rituales. Se encarga del corte ritual de los iniciados que ocurre en algunas ilés (casas espirituales). Por lo tanto, corta la carne de los animales y los iniciados. No hay que hacerlo enojar, bajo ninguna circunstancia; se dice que si en verdad uno le agrada "sólo te arranca una extremidad". Ogún suele representarse en los altares con un caldero de hierro.

El orisha Ogún se representa en esta tradición con los colores verde y negro. Su altar requiere, cuando menos, dos pedazos de hierro, porque el orisha reside en la ashé del metal. Las cadenas, las herramientas, los cuchillos y otras armas no tienen problemas para estar en su altar.

Ochosi

Es el orisha de la cacería, las cárceles y el guía espiritual. En ocasiones es visto como un ser andrógino, enseña a los devotos la lección de que la mejor ruta hacia su destino no siempre es en línea recta. Existe un aspecto de Ochosi relacionado con los viajes astrales. Bajo esta identidad, Ochosi nos enseña a unificar nuestras mentes y nuestros corazones, con lo cual trascendemos el tiempo y el espacio para acercarnos a nuestra verdadera ruta. Las sociedades tradicionales de Ochosi en África estaban formadas por cazadores y rastreadores, que eran los responsables de proporcionar el sustento a su comunidad. Por lo tanto, uno de los cánticos favoritos para él se traduce como: "Ochosi aleja el hambre". Esto habla de sus habilidades como cazador y proveedor que salva vidas. Sin embargo, en una forma verdaderamente irónica, se dice que es melindroso para comer, y se le suelen ofrendar pescado ahumado, zarigüeya, carne de venado y diversas hierbas. La bebida preferida de Ochosi es el *anisette* y su número ritual es el siete. La danza de posesión ritual para él imita su destreza para cazar, en ella los iniciados parecen estar al acecho, apuntan y disparan una flecha.

Se dice que proviene de Ketu, en África Occidental. Pero muchas de las sociedades originales que lo reverencian fueron capturadas y transportadas a los Estados Unidos como esclavos. Debido a su asociación con el bosque fue relacionado con los indígenas norteamericanos en el nuevo país. Muchos indígenas norteamericanos tuvieron contacto frecuente con las comunidades africanas trasplantadas. Esto ocurrió sobre todo con las tribus de seminoles en Florida. Zora Neale Hurston, antropóloga pionera afroamericanos, nació en Eatonville, Florida, la primera ciudad con población completamente negra incorporada al país. Mi abuelo provenía de esa misma área del estado. Aquí el pueblo de los seminoles vivía, trabajaba, amaba y jugaba con la inmensa población afroamericana. Es prObable que la conexión entre la magia indígena y la magia de la caza de los africanos trasplantados fuera similar. La afinidad entre los dos grupos se ha mantenido en los rituales para Ochosi.

Dado que Ochosi es el señor de las cárceles, sus seguidores le ofrendan una pequeña celda carcelaria en su santuario con una oración: "Ochosi, por favor, ven a vivir a mi casa para que yo no tenga que vivir en la tuya". Ochosi, el cazador y proveedor, tiene un altar decorado con objetos que indican sus pasatiempos favoritos, como las pieles de animales, astas, turquesa para reforzar su conexión con los pueblos indígenas, un arco y una flecha, balanzas que representan la justicia y cárceles en miniatura. Sus colores pueden ser el verde, el negro, el azul o el durazno.

Obatala

En realidad muchos otros orisha son reverenciados en la tradición. En el plano terrenal, quien encabeza el grupo es Obatala. Este orisha es el padre (la madre) andrógino de la paz y la pureza. Es la ashé de las nubes. Sus símbolos rituales son: el elefante, el caracol, la paloma, la plata y el algodón. Sus ropas y otros objetos suelen ser de color blanco puro, porque es el padre del planeta y de la paz. La limpieza también es importante para él. El practicante suele limpiar con productos comunes y después culminar el proceso regando agua bendita. Los instrumentos rituales de Obatala están hechos de plata y también se emplea un irukere, o látigo de cola de toro, blanco. Obatala es el alfarero y escultor divino responsable de moldear el mundo. Este orisha nunca bebe alcohol y existe una base mitológica para esto. Un relato mítico nos dice que Obatala se embriagó mientras creaba a las personas y su mirada se extravió, lo cual hizo que algunas quedarán deformados. La sacerdotisa Miriam del Voodoo Spiritual Temple, en Nueva Orleans, dice que los hijos de Obatala: "no pueden beber, sólo embriagarse"; lo cual significa que no son responsables al beber. Además de la prohibición de la bebida, no se permite a los devotos de Obatala desnudarse frente a alguien ni emplear malas palabras. Algunos practicantes incluso hablan a través de un algodón para que la oración se purifique antes de llegar a Obatala. Es lógico que el día ceremonial para Obatala sea el domingo, ese día los practicantes hacen ofrendas con agua de lluvia fresca, ñames blancos y otros alimentos blancos. Debido a que controla las ideas y, por lo tanto, el destino de todos los practicantes, se acude a Obatala en busca de tranquilidad y meditación. A veces, los practicantes envuelven sus cabezas con cascarilla, o cáscara de huevo pulverizada, y la cubren con una tela blanca para llevar la pureza de Obatala a sus cabezas. Las imágenes de la Virgen de la Misericordia se suelen asociar con los altares de la santería para Obatala. Los objetos que suelen colocarse ahí son un sol, una luna, un elefante, un caracol y una serpiente de plata.

Orunmila
La deidad responsable de la energía de la adivinación es llamada Orunmila, Ifa u Orunla. Se asocia con San Francisco; esta deidad es invocada cuando la indecisión hace que el practicante pierda el rumbo. Como se ha mencionado, los defensores de esta religión recurren a la adivinación con frecuencia, este proceso se consigue por medio de Orunmila.

Yemayá

Yemayá es la madre del océano, la diosa del mar, el vientre divino de la creación. La leyenda dice que posee los poderes de la adivinación que aprendió o adquirió de su amante, Orunmila. También existen numerosos relatos que afirman que concede gratos regalos del mar. Es considerada la hermana de Oshún y la madre de otros orisha, de modo que tiene una función fundamental en la estructura familiar del panteón. Descrita como oscura y radiante, se ofrendan a esta orisha sandía, melón, jarabe de caña de azúcar, ginebra, dulce de melaza, piedras azules como la sodalita y el lapislázuli, agua del mar, conchas y otros objetos del océano. Se representa con una estatua o imagen de la Diosa del Mar. El número ritual de Yemayá es el 7. Yemayá es amable con los niños, se acude a ella por paz y tranquilidad. Siempre compasiva, escucha con atención todos los problemas y se esfuerza por alejarlos. Su contraparte es Olokún, la energía de las profundidades del océano. Visto en ocasiones como hombre y otras como mujer, sólo Olokún sabe lo que hay en el fondo del océano.

Yemayá recibe una plétora de imágenes de peces, al igual que delfines, conchas, guijarros y otros objetos asociados con el mar. Sus colores son el azul y el blanco. Los santuarios dedicados a ella suelen incluir encaje y satín. Como su número es el 7, las conchas o las monedas se incluyen en múltiplos de siete. Los altares para ella contienen una larga tela que envuelve los objetos como un pabellón.

Oshún

Definitivamente, Oshún es una de las orisha más populares y veneradas. Es la ashé de la cascada. Sus velas y ungüentos rituales siempre son los primeros en destacar en los anaqueles de las tiendas botánicas. En gran parte, su popularidad se debe al hecho de que esta hermosa y sensual diosa representa el amor, el oro, la fertilidad y el matrimonio. Es una de las tres esposas del dios Changó y deleita a todos con sus suntuosas danzas de amor. En uno u otro momento, Ogún, Eleguá y Changó han sucumbido a los poderosos encantos de Oshún. Con su gracia celestial y sus ondulantes caderas, pocos son inmunes a estos atractivos. Para las mujeres de la sociedad occidental, la sexualidad y la coquetería no siempre son vistas como ventajas y virtudes. Oshún nos enseña que necesitamos explorar y utilizar todo nuestro potencial. Entonces podemos brillar con la misma gloria dorada que la diosa Oshún.

Descrita como una hermosa mulata, ella es la líder de las mujeres y la diosa del río Osún en Nigeria. Su color y su metal son el oro. Esta orisha se representa con un pavo real o un buitre. Se considera que este buitre simboliza su poder para proteger contra el mal. Le encantan las flores amarillas, los abanicos, los espejos, el ámbar, la miel (la cual debe probarse primero para corroborar que no está envenenada), las naranjas, la nuez moscada, la canela, la calabaza (si bien algunos practicantes consideran tabú este alimento) y las bebidas dulces. El número de Oshún es el 5 y las ofrendas deben hacerse en múltiplos de ese número. Se dice que usa cinco pulseras para que uno siempre escuche cuando llega. Se invoca con una pequeña campana de bronce, y posee una intensa fuerza de atracción magnética. A veces se compara con la Virgen de la Caridad del Cobre, la santa patrona de Cuba. La leyenda dice que se encontró una estatua de esta virgen flotando frente a la costa de El Cobre, un área con minas de cobre. La virgen fue colocada en una iglesia, pero muy pronto la estatua desapareció milagrosamente. Los devotos construyeron una nueva iglesia en el lugar donde fue descubierta, y ha permanecido en ese sitio durante muchos años.

A Oshún le agradan mucho las plumas de pavo real y las campanas. Todo lo que se ofrece debe ser dorado; las personas suelen cubrir todo el altar con ese color para que brille por completo. Por cierto, esta es una técnica que se usa para infundir a una vela una ashé particular. Los espejos, los abanicos, las joyas, el perfume y el maquillaje también son ofrendas adecuadas para su santuario. A Oshún le gustan las monedas de chocolate envueltas en papel dorado. Cada ofrenda para ella representa el poder sagrado de la sensualidad. Su altar debe ser tan agradable al tacto como a la vista. Igual que Obatala, exige limpieza en todo momento.

Changó

Changó, o Shangó, es el señor del fuego, la pasión y el tambor. Como parte vital de la religión, Changó le infunde su energía y fertilidad masculina pura, para que su sabor sea completo. También se le conoce como Changó Macho, porque es sexualidad masculina pura; de hecho, se dice que todos los niños son sus hijos. También recibe los nombres de Jakuta y ObaKoso, los cuales se refieren a que es un rey.

Los pulsos y el ritmo de los tambores son suyos. Su encanto y su ego son legendarios. Changó simboliza la alegría de la vida. Le encanta vivir y se cree que es el único orisha que nunca ha muerto. Se le ofrendan piedras de trueno (se dice que estas piedras han sido alcanzadas por un relámpago) y tiene un apetito descomunal por las manzanas, los plátanos, los anacardos, el pachulí, el almizcle, el pino, el quimbombó, el filete, las ostras, la cerveza oscura, el ron, el vino tinto y los cigarros (pero no hay que fumar ociosamente en su presencia, porque esto lo ofende). Tradicionalmente, sus números son el cuatro y el seis. En la santería posee un conjunto de instrumentos rituales llamado *ache Changó*. Consiste en seis herramientas de madera (suelen ser de cedro), entre ellas un hacha de dos cabezas y una espada. Acarrea la buena suerte, a menudo en forma de oro y plata. Se dice que está presente en el sonido del trueno y en los relámpagos rojos que suelen apreciarse durante una tormenta de verano. Tiene tres esposas: Oyá, Obá y Oshún. Se asocian con él dos imágenes católicas: Santa Bárbara y una versión de piel oscura llamada Bárbara africana. Algunos cuestionan la asociación de una energía masculina con una santa femenina. Una explicación es que Changó es tan masculino que puede ser representado incluso por una mujer, y Santa Bárbara es la elección lógica porque está vestida con sus colores rituales: el rojo y el blanco; lleva una espada de doble filo, con la cual se dice que Changó administra la justicia.

Estatua de Changó Macho

Changó, el señor del tambor y la danza, es uno de los pocos orisha representados con una imagen de aspecto africano. En forma de estatua, Changó suele ser un hombre de piel oscura con rasgos africanos que lleva un tambor (en algunos casos varios de ellos) o una pila de joyas. Los altares de Changó se purifican con baños rituales y se decoran con objetos opulentos de color rojo. Suele ser reverenciado los viernes o sábados. Se dice que el padre de Changó es Aganyú.

Aganyú

El señor del volcán, Aganyú es la ashé de la lava explosiva. Es el patrono de los viajeros y se asocia con San Cristóbal, quien trabaja para el mismo propósito. El color de este dios es el rojo y se le ofrendan cuernos de toro en pares para mantenerlo contento. Su día ritual es el miércoles y lo alimentan con cabras, plantas verdes y gallos.

Oyá

Oyá es la diosa del viento, el huracán, el tornado y el cambio. Dispara la ashé de su relámpago sobre un blanco para producir poder y pasión. Oyá también posee la capacidad para mutar de forma y existen muchas leyendas de ella deslizándose dentro de la piel de un animal y ocultándose en la jungla en espera de tener las cosas a su favor. También es la señora de la comunicación entre las especies.

Oyá se representa con litografías de Santa Marta con serpientes o un dragón, Santa Teresa con un arreglo de flores, o Nuestra Señora de la Candelaria. Es una guerrera combativa de alto nivel, que se dirige a las batallas junto a su esposo, Changó. Se dice que su cabello dispara chispas, pues tiene un exceso de energía masculina con la cual le sale una barba cuando tiene que pelear. Oyá es considerada austera y sexual. Su metal es el cobre, y su piedra es la sugalita o la amatista. Su número es el nueve, pues se dice que tiene nueve hijos. Su otro nombre, Yansa, significa literalmente: "madre de nueve". A Oyá le encanta la jardinería, por que así puede estar rodeada de flores y pasar un tiempo junto a la tierra. Por eso mismo, es la señora de todos los antepasados. Se le ofrendan berenjenas, violetas, vino tinto, uvas rojas, asado de cabra, ciruelas y ron oscuro. Sus colores son el morado y el verde, y sus hijos son los únicos devotos de los orisha a quienes se permite utilizar colores oscuros. Se le suele representar con una máscara y ciertas leyendas dicen que es peligroso ver su rostro. Las imágenes rituales más frecuentes para la orisha Oyá son Santa Marta y Santa Teresa, aunque una santera me dijo que también se utiliza a Nuestra Señora de la Candelaria para homenajear a esta diosa del viento. Los colores utilizados son negro o morado, y en ocasiones un arco iris. Debido a su conexión con la naturaleza, también están presentes varias plantas y flores, como la albahaca morada, los claveles y los lirios.

Obá

Obá es la tercera esposa de Changó. Siempre fiel y obediente, suele ser representada como Santa Rita, la patrona de los casos desesperados. Se dice que Obá vive en todos los lagos. El relato más popular relacionado con ella cuenta cuando fue engañada por Oshún. Obá, la cálida y devota esposa de Changó, haría cualquier cosa por tenerlo contento. Un día vio a su otra esposa, Oshún, preparándole su sopa favorita. Desesperada por complacerlo igual que Oshún, le pidió la receta. Oshún nunca renunciaría a su ventaja sobre un hombre, de modo que le dio una receta que seguramente enfurecería al señor del fuego y la pasión. Le dijo a Obá que el ingrediente mágico eran sus orejas: tenía que cortarlas y ponerlas en la sopa para asegurar su amor. Obá siguió las instrucciones de Oshún. Changó, al primer bocado, escupió la desagradable mezcla. Comprendió lo que ella había hecho y se llenó de descontento. Algunos dicen que nunca la perdonó. En la actualidad, Obá ocupa un lugar un tanto marginal en la tradición, y aunque he escuchado a las personas referirse a ella, pocos se identifican a sí mismos como devotos, o hijos, de Obá. Su color es el rosa y la alimentan con cabras y palomas.

Babaluayé y Nana Buluku

Babaluayé (Omolu) es el orisha dedicado a curar las enfermedades infecciosas. Originalmente era el dios de la viruela y la lepra, ahora su dominio ha crecido para incluir el sida y otras calamidades modernas. Se le ofrendan chícharos, frijoles y rosetas de maíz. El número ritual asignado a él es el diecisiete. Se dice que viaja acompañado por sus fieles perros y es representado como San Lázaro. Una ofrenda común son las muletas. Se piensa que los mosquitos y las moscas son sus mensajeros porque son portadores de enfermedades.

Nana Buluku es otra orisha asociada con energía tanto masculina como femenina. Es anciana y poderosa. Entre sus ofrenda está la hierbabuena y los ñames.

Ibeji

Los gemelos divinos en el panteón de la santería se conocen como Ibeji. Se cree que la palabra proviene de dos palabras raíces del yoruba: ibi, que significa "parir", y eji, que representa el número dos. Son los santos patronos de todos los niños y son especialmente reverenciados en la tradición. Se cree que los yoruba tienen la más alta incidencia de nacimientos de gemelos en el mundo, una bendición única y especial que se considera señal de suerte extrema. Algunos piensan que son los hijos de Oshún, mientras que otras casas afirman que son los herederos de Oyá. Todas las leyendas los ponen como los hijos del orisha Changó. Representan la dualidad y el equilibrio perfecto, por lo que son muy apreciados en la tradición.

Osanyin

Osanyin, Osonyin, Osain o Aroni, es el señor experto de la medicina herbal. Se equipara con los santos católicos San

Juan (San José) y San Ambrosio, entre otros. Su día es el domingo. Sus sacerdotes suelen ser ventrilocuos. Una estaca con un pájaro forjada en hierro es uno de los símbolos más importantes para Osanyin. La versión más sencilla, llamada el *báculo osún* u *orere*, está hecha con un solitario pájaro de hierro sentado en un disco sobre varias campanas de hierro. Se cree que esta estaca tiene el poder de advertir sobre la llegada de la muerte o de las *aje* (brujas), también puede proteger contra la locura u otras alteraciones de la razón. Los numerosos ejemplos de estas estacas no son hermosas obras de arte, por el contrario sirven como complejas metáforas del poder de Osanyin para combatir la enfermedad y la hechicería.

Una de las características más distintivas de Osanyin es su singular aspecto: tiene un brazo, una pierna, un ojo y una de sus orejas es pequeña y está marchita. Varias leyendas explican estos estigmas como su castigo por tratar de conservar todo el conocimiento de las hierbas para sí mismo. El mensaje es sencillo: compartir es primordial tanto para los dioses como para los hombres. Antes de que una hierba sea utilizada para un ritual, debe hacerse una ofrenda a Osanyin. Compartir todo en el ahora existencial es una lección que todos debemos aprender, de un modo o de otro.

Inle

Inle es el orisha de las pescadoras y los pescadores. Algunos dicen que también es el patrono protector de los homosexuales. Es adepto a la curación mágica y a las ciencias. Es representado por San Rafael y su día es el viernes. Su número es el siete o el veinticuatro, y su color es el verde intenso, el cual representa el agua del mar.

111

Los tambores y la danza en la santería

Los tambores y las danzas sagradas son un componente importante en la religión. Los tambores y la danza son parte de toda ceremonia, y también suelen aparecer en la celebraciones seculares. Los integrantes de una casa reciben una enseñanza específica acerca de los ritmos y movimientos de cada uno de los diferentes orisha. Se cree que los tambores representan la memoria, el alma y la vivacidad del templo. Los tambores suelen estar formados por un grupo de tres, llamado *bata*. Los tres tienen forma de reloj de arena y piel a ambos lados. Cada tambor se considera un invitado de honor en las ceremonias, suelen tener campanas, telas y diversos adornos rituales. El tambor más grande se llama *iya*, o madre, el siguiente es el *itolele* y después está el *okonkolo*. Bajo la guía de Changó, su creador, llevan los ritmos bendecidos a toda la congregación.

La ceremonia de tambores más común realizada en la santería es una *bembe* o *tambor*. Es una ceremonia de danza y tambores adecuada para diversas ocasiones, se hace para las fiestas y cumpleaños de los orisha o si la comunidad quiere atender una necesidad especial. Para casi todas las personas proporciona una introducción sencilla a las prácticas rituales. Los integrantes más avanzados de la comunidad aprovechan la ocasión para socializar y para tener un contacto más directo con los orisha mediante la posesión.

Las iniciaciones en la santería

El primer ritual al que se someten quienes pretenden dedicarse a la religión de la santería es la *Rogación* o *Despojo*. Es probable que a los extraños les parezca un bautizo tradicional. La Rogación se efectúa para preparar la entrada de una persona a la tradición. Está ceremonialmente diseñada para conferir un poder tranquilo, sereno, refrescante y rejuvenecedor. Se puede realizar en diferentes lugares, desde un baño, hasta una pila de bautismo o un río. El proceso implica limpiar la cabeza con una mezcla de hierbas, flores y agua espiritualmente imbuida. La cabeza se envuelve con una tela blanca y se mantiene cubierta durante un largo periodo que puede ir desde un día a una semana o incluso más. Después de cierto tiempo, se realiza otro ritual para descubrir la cabeza. El ritual enfatiza la importancia de la cabeza en la santería. La cabeza es el punto de transición para el contacto entre el orisha y las personas. Se cree que la cabeza de los niños, como se les dice a los iniciados, y de todos integrantes de la comunidad son propiedad de un orisha específico. Al rejuvenecer la cabeza, se cree que la persona refresca todo su ser, incluyendo su conexión con su orisha patrono o patrona.

La siguiente ceremonia que se realiza para una persona es la Consulta con los Guerreros. En este momento, el practicante recibe los instrumentos y los objetos sagrados de los guerreros Eleguá, Ogún y Ochosi. Una vez más, la cabeza es el centro de este ritual. Una representación personal de Eleguá se confiere en forma de una pequeña cabeza de cemento con ojos de conchas de ciprea, aunque algunas ilé lo representan de una manera más tradicional con un coco. En este momento también se entrega el caldero de Ogún, junto con sus instrumentos de hierro ceremoniales. Se utiliza un pequeño arco de hierro, llamado *ache Ochosi*, para representar la ashé de Ochosi en este contexto. A veces, también se entregan los collares, denominados *elekes* o *ilekes*. Cada uno representa el poder de una orisha específica y se utilizan junto con otros para recibir la protección de sus energías. Reciben un especial cuidado, se incluyen con regularidad en las ofrendas de animales y existen varios tabús que deben respetarse cuando se utilizan. No se permite que los iniciados los lleven durante el sexo o la menstruación. Los elekes se bañan en un *omiero*, o líquido ritual, para consagrarlos. En ciertas zonas de Nueva York y Los Ángeles, los collares se han convertido en un símbolo de posición. Algunas pandillas los llegan a utilizar como identificación entre sus integrantes.

La siguiente es una breve lista de los tipos de elekes para algunos de los orisha:

Eleguá: Cuentas rojas y negras.

Ochosi: Cuentas verdes y sepia, o azules y ámbar.

Osanyin: Una cuenta blanca seguida por nueve cuentas rojas y después ocho cuentas amarillas, repetidas hasta la longitud deseada.

Oko: Cuentas rosas y azules.

Oyá: Cuentas negras y blancas, o rojas y sepia con franjas negras y blancas.

Orunla: Cuentas amarillas y verdes.

Changó: Cuentas rojas y blancas.

Obatala: Veintiún cuentas blancas seguidas por una cuenta de coral.

Oshún: Cuentas de coral y ámbar, o doradas y amarillas.

Yemayá: Cuentas transparentes y azules.

La iniciación de los Guerreros es la primera dedicación completa que hace una persona a una casa o familia espiritual específica. Desde ese momento, gran parte del conocimiento espiritual de esta persona va a ser obtenido de esa familia. El linaje espiritual es muy importante en la santería, se dice que cada integrante de la casa es un reflejo de las creencias, las prácticas y el poder de esa congregación.

La iniciación definitiva, y en muchos casos final, en la santería es el *Asiento*, también conocido como *Kariocha*, lo cual significa literalmente poner a los dioses sobre la cabeza. Una persona puede estudiar durante años, o incluso décadas, para esta iniciación, la cual sólo se concede si el orisha lo indica mediante la adivinación. Después de esta ceremonia, se considera al devoto un santero o santera, un padrino o una madrina, un sacerdote o una sacerdotisa. Desde el punto de vista sagrado, marca la muerte, el renacimiento y la adquisición de poder del iniciado. Lo establece como el hijo de un orisha particular y, como tal, se espera que se dedique a ese orisha por el resto de su vida. El proceso suele implicar extensas ceremonias de reclusión, baños, requerimientos y restricciones dietéticas, asó como un extenso periodo vestido de blanco. Tanto en Cuba como en los Estados Unidos, la ceremonia es costosa, se gastan de 5 000 a 25 000 dólares, dependiendo de la casa espiritual y del orisha específico que se recibe. Este gasto cubre diversas ofrendas de alimentos y bebidas, instrumentos ceremoniales, armas, flores, ayudantes, tamborileros, un babalawo (alto sacerdote en la santería) y otros componentes. Ya que es una penuria financiera para el practicante, esta iniciación simboliza la carga de sacrificio requerida para obtener un gran don de poder. Un babalawo entrenado en África explicó que el componente financiero es una adaptación del Nuevo Mundo. Originalmente, el devoto prometía sus servicios a la ilé por un período de años. Durante su permanencia, la persona servía como asistente de limpieza, recadero, cocinero, jardinero y lo que se ofreciera. En el clima actual del mundo occidental, con consideraciones de tiempo y el alto valor del dinero en la cultura, en lugar de lo anterior casi todas las casas prefieren imponer una responsabilidad financiera en esta situación. Después del *Asiento*, el practicante recibe un nuevo nombre, nuevas ropas blancas, es bañado por otros integrantes de la casa y comienza a convertirse en un representante de su orisha particular. Algunas casas requieren que los recién iniciados observen precauciones estrictas, como vestir de blanco, mantener una abstinencia, no cortar su cabello y otros requisitos durante un año o más.

La adivinación

La adivinación es de gran importancia para la santería. Casi nada de importancia se intenta sin consultar las conchas en la charola (*dilogún*) de adivinación de Ifa o el coco, también conocido como *Obi*. Las adivinaciones más básicas en la santería se realizan con un coco. Los devotos lo consultan a menudo para responder preguntas que requieren un simple sí o un no. Con este método es posible comunicarse con cualquier orisha o antepasado. El dilogún es una forma de adivinación con conchas de ciprea, las cuales son un tipo de conchas africanas que se utilizan en grupos de dieciséis para predecir el futuro. *Lanzar las conchas* es otro término para la forma de adivinación más importante en la santería. Los rituales implican interpretar, preguntar, aconsejar y pronunciar proverbios. La sesión ayuda a unificar y organizar la posición de un devoto en los mundos físico y espiritual. La adivinación siempre se relaciona con la ruta o el destino sagrado del suplicante. El principio que funciona aquí es que existe una ruta, o camino, adecuado en el que debe estar cada persona. La responsabilidad del devoto es permanecer lo más cerca posible de ese sendero, de modo que es evidente la necesidad de repetidas consultas adivinatorias. A menudo, la adivinación revela que cierto sacrificio es necesario para honrar o agradar al orisha y, por lo tanto, mejorar la situación problemática que se enfrenta. Se considera que el sacrificio está incluido con las dificultades o estorbos en el camino y es entregado literalmente al orisha. Por ejemplo, una lectura para un iniciado aquejado por problemas de fertilidad puede implicar dejar una ofrenda de camarones y naranjas para que la diosa Oshún le otorgue bendiciones e interceda por él.

Palo monte o palo mayombe

Las tradiciones del palo monte o palo mayombe suelen ser difamadas como los lados más oscuros de la tradición de la santería. Igual que otras tradiciones de la Diáspora Africana, se concentran, en gran parte, en una posesión en trance o la intervención de un médium. Se asemeja a algunas de las otras tradiciones que tienen prácticas que conducen a manifestaciones de energía positiva y negativa. Las prácticas surgen de la religión del Congo o de África al sur del Sahara. Gran parte de lo que ocurre en las tradiciones se hace bajo el más absoluto secreto, lo cual puede ser parte de la razón por la cual son malinterpretados por los adoradores de los orisha. Las tradiciones deben mantenerse apartadas y, en realidad, pocas personas practican ambas tradiciones, porque existen muchas contradicciones entre ellas.

No existe una estricta jerarquía de divinidad en el palo mayombe, pero los siguientes orisha son reverenciados en la tradición. Lucero ocupa el espacio de las encrucijadas ya que es fuerte, poderoso y sin impedimentos. El dios del hierro es Sarabanda. Suele ser representado con imágenes de San

Pedro o San Miguel. Una palera (sacerdotisa del Palo) que conozco tiene un cántico protector que dice: "San Miguel arriba, San Miguel abajo, San Miguel, San Miguel dondequiera que vaya". Siete Rayos es la divinidad de los siete destellos del relámpago. Se asemeja a Changó y se le pide que produzca resultados mágicos y veloces. Obatala se relaciona con Tiembla Tierra, o Mamá Kengue, en el palo. Se considera el dueño de la tierra y de todo el universo. Yemayá es conocida como la Madre de Agua o Siete Sayas (faldas) en el palo monte. Una vez más, igual que la Yemayá de la santería, es un símbolo de la maternidad divina reverenciada por todos. Su hermana, Oshún, también es representada en el Palo como la diosa Chola. Le ofrendan agua fresca del río y oro. El dios de la enfermedad y las infecciones es adorado en el Palo como Pata e Llaga o Tata Funde. Igual que Babaluayé, en la santería es considerado un hacedor de milagros en cuanto a las curaciones. Centella Ndoqui es la diosa guerrera del relámpago y el cambio. Similar a Oyá, es la señora de la energía de los antepasados.

Calendarios de la santería

1 de enero: Fiesta para Eleguá, el dios embustero de las encrucijadas.

17 de enero: Fiesta para Osanyin, señor experto en hierbas.

2 de febrero: Fiesta para Oyá, señora tempestuosa de los muertos.

25 de julio: Fiesta para Aganyú, dios del volcán.

8 de septiembre: Fiesta para Yemayá, diosa madre del océano.

9 o 12 de septiembre: Fiesta para Oshún, diosa del amor y del oro.

24 de septiembre: Fiesta para Obatala, rey de las prendas blancas.

27 de septiembre: Fiesta para Ibeji, los gemelos divinos.

4 de octubre: Fiesta para Orunmila, dios de la adivinación.

25 de noviembre: Fiesta para Obá, esposa de Changó.

4 de diciembre: Fiesta para Changó, señor del fuego, los tambores y la pasión.

17 de diciembre: Fiesta para Babaluayé, dios de la enfermedad.

Patakis: Las leyendas divinas de la santería

Las *patakis* son las leyendas divinas de los orisha. Cada elemento de ellas refuerza la religión de la santería y a la persona que vive dentro de la religión. No deben interpretarse como relatos literales, puesto que comunican lecciones y advierten de los peligros en el sendero de la existencia. Algunas se basan en historias de África Occidental y algunas son una fusión de las mitologías indígenas cubana y puertorriqueña. Las patakis ayudaron a transmitir lecciones sagradas por medio de su repetición. Era común que se prohibiera escribir a los esclavos, de modo que las patakis fueron uno de los pocos medios para transmitir el conocimiento. Cada orisha tiene una o más patakis que le ayudan a ubicarse en la estructura religiosa y a formar un código moral y social.

Ochosi es el mejor cazador, pero tan pronto como ocurre eso, su don es su aprieto. La leyenda clásica acerca de Ochosi habla de una época en la que su aldea sufría mucha hambre. Sus valiosas cosechas estaban arruinadas y los cazadores no habían podido atrapar ninguna presa. Ochosi salió a una cacería desesperada con el fin de conseguir alimentos para su pueblo. Llevaba fuera varias semanas cuando finalmente tuvo éxito. Cuando regresó a casa, encontró que alguien había matado y devorado a su ave sagrada. Esta ave había sido su confiable compañero mágico durante muchos años. Se entiende que Ochosi estaba increíblemente furioso. Disparó una de sus flechas mágicas hacia el cielo, para que apuntara a quienquiera que hubiera cometido el sacrilegio. La flecha se elevó y terminó clavada en el corazón de su amada abuela. Ochosi estaba postrado por la culpa, una característica que todavía lo acompaña en la actualidad. Incluso, se dice que los hijos (devotos) de Ochosi tienden a sentir culpas o a lamentarse.

Obatala deseaba ir a visitar a su hijo, Changó, quien dominaba el reino vecino. Obatala realizó las adivinaciones necesarias, las cuales dijeron que debía retrasar el viaje. Sin embargo, su mente le dijo que iba a comenzar a llover pronto, lo cual arruinaría todo su viaje. Sin tomar nada en cuenta, ignoró la advertencia de Ifa (el dios de la adivinación) e inició su viaje. El primer día todo estuvo bien porque Obatala tuvo buen clima y estaba complacido consigo mismo. Al día siguiente fue despertado por un perrito negro que saltaba sobre él. El perro estaba sucio y la ropa de Obatala, del blanco más puro, se manchó. Obatala, también conocido como el rey de la ropa blanca, pensó en regresar a su casa. Pero decidió que: "era sólo una pequeña mancha". Todavía se sentía bien y quería continuar. Eso hizo. Después de algunas horas de viaje sintió calor. Cuando vio un arroyo refrescante decidió beber un poco. Las rocas de la orilla estaban resbalosas y él cayó al río. Se empapó y sus prístinas ropas blancas ahora estaban inmundas. Como estaba muy cerca del palacio de Changó, decidió continuar. Cuando llegó al palacio llamó a la puerta, los guardias le preguntaron: "¿Quién eres? ¿Qué deseas?". Obatala contestó: "Soy Obatala y vengo a ver a mi hijo". Los guardias estallaron en carcajadas porque quien estaba ante ellos no era el resplandeciente rey de la ropa blanca. En lugar de eso, vieron a un sucio mendigo y lo encarcelaron. Obatala permaneció encerrado un año y un día, hasta que Changó lo vio por casualidad entre los prisioneros y lo liberó de inmediato. Este relato pretende reforzar el hecho de que todos, incluso el rey, deben seguir las indicaciones de la adivinación.

La botánica y los objetos mágicos de la santería

Albahaca: Hierba con muchos fines para todos los orisha.

Manzanilla: Amor, alegría y prosperidad.

Piedra de rayo de Changó: Sirve para tranquilizarse durante las tormentas, para la pasión y el valor.

Coco: Éxito y purificación.

Aceite de coco: Sagrado para Obatala, para inducir la calma.

Eucalipto — Salud, dinero.

Franchipán: Esencia dulce utilizada para atraer el amor.

Jengibre: Poder espiritual.

Piedra de imán: Sirve para atraer la buena fortuna.

Peregún: Transformación.

Perejil: Salud.

Pino: Exorcismo, dinero.

Romero: Sirve para una limpia y para retirar la negatividad.

Ruda: Para exorcismo y prevenir el mal de ojo.

Hierbabuena: Calma, tranquilidad, comodidad, paz.

Violeta: Salud, paz, calma.

Persecución y procesamiento

La primera ocupación de los Estados Unidos en Cuba ocurrió de 1898 a 1902. Desde entonces, la relación entre la isla y su vecino ha sido inestable. La revolución cubana ocurrió en 1959, la persecución de la religión de la santería comenzó sólo tres años después y continuó hasta a mediados de la década de 1980. Cuba, como país, se consideraba un estado oficialmente ateo hasta 1992. No obstante, he escuchado relatos más recientes de una estatua pública de la Virgen de la Caridad del Cobre, la santa patrona de Cuba que también representa a Oshú, vestida con uniforme de combate en una plaza pública en La Habana.

Las cosas tampoco han sido fáciles para los practicantes de la santería fuera de Cuba. La cuestión del sacrificio de animales y la santería llegó a la Corte Suprema de los Estados Unidos en el caso *Iglesia de Lukumi Babaluayé en contra de la ciudad de Hialeah* (1993). La Iglesia de Lukumi Babaluayé existía desde 1973 y era dirigida por el *italero* (sacerdote) Ernesto Pichardo. Su misión era sacar a la luz las prácticas de la santería, incluyendo el sacrificio ritual. La iglesia esperaba abrir una escuela, un museo y un centro cultural. Surgieron problemas cuando la ciudad de Hialeah, Florida, aprobó una ordenanza municipal que prohibía las prácticas de sacrificios en la santería.

Las leyes de Florida prohibieron el sacrificio de animales porque lo consideraron "innecesario". La caza deportiva, la eutanasia y la erradicación de plagas fueron consideradas necesarias. El estado defendió incluso que los ciudadanos podían emplear conejos para la práctica necesaria de entrenar galgos. La Corte Suprema terminó por decidir que el sacrificio ritual de animales relacionado con la religión de la santería es legal. Pichardo ahora publicita la religión. Desde entonces, muchas de las prácticas de la santería han salido de las sombras. Casi todas las ilés que conozco han crecido de manera notable en los últimos quince años. El orisha parece complacido por ampliar su ashé por todo Estados Unidos y el mundo.

Shangó, obeya y el mialismo: conjuro y conexión

La tradición shangó y orisha en Trinidad

La tradición orisha tiene su propia y única manifestación en la isla de Trinidad. Aquí, el culto se denomina *shangó*, en honor al señor del fuego, del tambor y del trueno.

Los esclavos que originalmente fueron llevados a Trinidad eran relativamente diversos. Provenían de muchas tribus, incluyendo la tribu Hausa, Igbo, Susu, Mandingo, Temme, Kissi, Fulbe, Kwakwa y Congo. Durante los años 1830 y 1840, los esclavos crecieron en número y la religión se estableció sólidamente. En Trinidad, como en otras regiones, la religión fue desaprobada y finalmente prohibida, en 1917, por la Ley de Prohibición de Oradores la cual rechazaba cualquier ceremonia con fundamentos africanos.

Este panteón espiritual se encuentra constituido por algunas deidades como Eshú, Ogún, Oshún, Yemanjá, Shangó, Osain y Oyá. Existen otras deidades que parecen ser específicas de la tradición: Mamá Latay, Aireelay, Kufe, Gurum, Aba Lofa y Palara. Existe también una poderosa legión de espíritus ancestrales que, en algunos casos, se denominan *Reres*. Las prácticas modernas se incorporan, asimismo, a las costumbres y a las creencias del hinduismo, la cábala, el espiritismo y de otras tradiciones. Aquí existe una gran mezcla de tradiciones. Algunos han observado una alta concentración de diferentes tradiciones, como la cábala y el hinduismo, mezclada con las formas del culto de origen africano.

Ogún

Por lo general, el primer orisha en llegar es Ogún. Se comporta de una manera agresiva y, a menudo, diagnostica las enfermedades de aquellos que asisten a las ceremonias. Sus colores son el rojo y el blanco. A Ogún se le entregan como ofrenda arroz, maíz, ron y cabras.

Osain y Aireelay

Osain es el señor de la jungla y de las plantas que la habitan. Por lo general se encuentra representado por la imagen de San Francisco. Osain se alimenta de arroz, garbanzos y tortugas.

El orisha Aireelay o Ajaja se encuentra asociado con San Jonás.

Shangó

Aun y cuando en Trinidad la religión orisha se denomina, a menudo, shangó, a la deidad Shangó se le da también el nombre de Aba Koso. Quizás esto se origina en la invocación yoruba o en la ceremonia de honor a la deidad Oba Koso, la cual se traduce de modo general como "Rey de Koso". Sus colores son el blanco y el rojo. Se alimenta de las ofrendas de maíz, ron y arroz.

Aba Lofa

Aba Lofa, o Elofa, es un extraño dios al que no se le rinde culto en muchos templos. Rara vez se encuentra presente en los rituales y cuando lo está, actúa como un anciano que se mueve lentamente. A menudo, se ocupa de bendecir a los niños de la congregación. Aba Lofa se alimenta de carne y arroz.

Omira

El orisha Omira se consagra a los cazadores y a aquéllos que proveen a los miembros de la comunidad. A menudo se encuentra representado por la imagen de San Rafael.

Ebejee

Aquí, a diferencia de la santería, la deidad Ebejee no evoca a los gemelos sino a San Pedro en forma de pescador. A Ebejee se le observa sosteniendo sus llaves y, a menudo, se encuentra representado por los colores rojo y amarillo.

Da Lua y Da Logee

A los gemelos celestiales se les conoce, en este panteón, como Da Lua y Da Logee. Se encuentran representados por las imágenes de San Judas (el santo patrono de las causas imposibles) y San Simón (a quien se le pide por la justicia divina) respectivamente.

Yemanjá

Yemanjá, Emanjé o Manjá, es parecida a la diosa del mar que lleva el mismo nombre y que se encuentra presente en la santería y en otras tradiciones. Es una poderosísima diosa del agua cuyo color es el azul.

Mamá Latay

Mamá Latay, u Omela, es una orisha de la tierra. Es vista como algo maternal y fortalecedor. Su color es el café, o café a cuadros, y se alimenta de papas y vegetales de raíz. Su invocación sigue, por lo general, a la de Ogún.

Algo más acerca de la estructura del ritual afrocaribeño se puede encontrar en el capítulo nueve. En Trinidad existe actualmente un Consejo de Ancianos local que fue elegido, el cual realiza investigaciones acerca de la religión y trata de divulgar sus prácticas. Dicho consejo ha sido instituido para apaciguar algunos de los conflictos que ocurren cuando las personas adquieren imágenes negativas y suelen prejuzgar.

Las Tradiciones del obeya y el mialismo en Belice y las Antillas

Varios países antillanos, como Jamaica y Belice, le dan gran importancia a una forma de creencia de origen africano a la que se conoce generalmente como obeya. Algunos dicen que obeya proviene de la palabra *sepiente*, mientras que otros dicen que su etimología proviene de la palabra *bruja*. Esta tradición comprende una variedad de prácticas: conocimiento de las hierbas, enaltecimiento de los antepasados o de otros espíritus, sanación, adivinación y protección. El obeya, al igual que las prácticas del hudú que se llevan a cabo al sur de los Estados Unidos, se basa principalmente en el trato con practicantes independientes expertos en la preparación de las hierbas. En 1760, la religión fue oficialmente penada en Jamaica; esta acción legal fue, aparentemente, la responsable de provocar una rebelión. A esta religión se le asoció cada vez más con la hechicería y con los ritos mágicos más indignos, como el embrujamiento. Sin embargo, la tradición ha perdurado a lo largo de los años y varios practicantes siguen utilizando su conocimiento espiritual para influir en un cambio positivo. Oswan Chamani, del Voodoo Spiritual Temple, era un extraordinario hombre obeya de Belice. Cuando cruzó hacia la otra vida, envió un mensaje a su esposa y socia, la sacerdotisa Miriam:

> ¡Ah!... ¡La puerta Celestial se abre de par en par para mí!
> Me sostengo bien de mi asiento.
> Y si debo caminar por la calle de la vida, buscaré.
> ¡Oh!... Toca la campana.
> Apóyate en el campanario.
> A la puerta celestial me duermo.
> ¡Dios santo!... qué suerte.
> Oh, caramba... me deslicé bien a través de la serpiente
> ¡Ah!... ¿La llave de los bienes?
> ¡Y finalmente, entro por la puerta celestial!

Mialismo

El mialismo es el término que se le da a las prácticas del obeya en Jamaica y Belice, y que incluyen rituales como la danza, el tamborileo y la posesión por parte de los espíritus. Proviene del término *danza mialista*, que se originó al oeste de África.

También existe en Jamaica una serie de prácticas denominadas *kumina* o, de manera despectiva, *pocomanía*. Esta religión está abierta a la interpretación del jefe espiritual. Incluye una mezcla de prácticas de origen africano y europeo.

Algunos de los conjuros obeya están formulados para contener a los enemigos, algunas veces "muertos" en sus trayectorias. Por lo tanto, en el ritual se utilizan muchos elementos físicos poco comunes como orina, sangre menstrual, cabello, sudor, dientes y cosas similares.

Dupis

Los *dupis* son los elementos aterradores de la leyenda diseminada por toda Jamaica y las Antillas. Se trata de los espectros y el mal encarnado que son conjurados y enviados a través de la noche para devorarse a los desobedientes. Un dupi es un alma muerta enviada a cumplir el mandato del brujo.

Incluso Bob Marley, la leyenda del reggae, habla en su canto acerca de un conquistador de dupis. A los niños jamaiquinos se les dice que el dupi vendrá por ellos si no se comen sus verduras. Estas tradiciones populares sensacionalistas se han vinculado, a lo largo de los años, con las leyendas acerca de los zombis.

Tanto los dupis como los zombis son personas que, por alguna razón, han sido drogadas y, por lo tanto, se mueven lentamente, su mente se confunde y quizás hasta enmudecen. Zora Neale Hurston fue la primera académica en proponer la teoría de que los zombis eran, probablemente, el resultado de alguna poción herbolaria. Sin embargo, no fue sino hasta cincuenta años después que Wade Davis, un etnobotánico de Harvard, descubrió la fórmula exacta. Ésta se compone de varios ingredientes, incluyendo un pez venenoso.

El arte sagrado de Trinidad y Belice

Trinidad, Belice y otras naciones caribeñas tienen su propia manifestación del tributo legendario. A éste se le conoce como el árbol de botellas. Observados principalmente en todo el Caribe y en el sur de los Estados Unidos, los árboles de botellas son árboles vivientes con botellas de vidrio multicolores que cubren o cuelgan de los extremos de las ramas.

Se cree que cada botella simboliza a un distinto espíritu ancestral. Con frecuencia, los practicantes agregan una botella más al árbol, ya sea cuando alguien ha fallecido o cuando un espíritu se manifiesta durante la adivinación o durante un sueño. Estos árboles se convierten en legados de familia.

El calendario de shangó y obeya

Junio 29: Fiesta para San Pedro que se asocia con Ebejee, el pescador.

Septiembre 20: Fiesta para San Rafael, que se asocia con el orisha Omira, el cazador.

Octubre 28: Fiesta para los gemelos celestiales, Da Lua y Da Logee, representados por San Judas y San Simón.

Diciembre 4: Día de fiesta para Shangó el señor del tambor y la pasión.

Las leyendas populares en Jamaica

Esta es una de las leyendas más populares de Jamaica. Habla del tramposo Anansi y de su Hermano (Brer') Muerto.

Un buen día, por la mañana, Anansi caminaba por la calle cuando vio al Hermano Muerto sentado frente a un asado con gran abundancia de carne. Anansi se acercó. La carne le parecía buena y dijo: "Hola, Brer', ¿cómo te va?" El Hermano Muerto no dijo nada, de modo que Anansi volvió a decir: "Brer', me muero de hambre. ¿Me das un pedazo?" Anansi tomó un pedazo y se marchó.

Al día siguiente, Anansi volvió y sucedió lo mismo, pero esta vez le dijo al Hermano Muerto que al día siguiente llevaría a su hija,

Cindy, para que le ayudara con su trabajo. Así que al día siguiente, Anansi y Cindy fueron a ver al Hermano Muerto. Anansi dijo: "Oye Brer', veo que tienes algo de carne. Mi hija Cindy está aquí para ayudarte a limpiar. ¿Te importa si tomo un poco de esa carne?" El Hermano Muerto no dijo nada, de modo que Anansi dijo: "Tomaré algo de carne", y se fue. A la mañana siguiente, regresó. El Hermano Muerto estaba sentado con un arco y una flecha en su mano y Cindy tenía un anillo en su dedo. Anansi dijo: "Ahora te haré hablar, Brer'". Con eso tomó el largo cabello del Hermano Muerto, ató una mitad a un lado del animal asado y la otra mitad al otro lado y le prendió fuego. Pero el Hermano Muerto logró soltarse y siguió a Anansi todo el camino de regreso a casa, en donde se escondía en un almacén con su esposa y seis hijos. Llevaban ahí mucho tiempo y los niños tenían hambre, de modo que Anansi ideó un plan. Les dijo que saltaran y así lo hicieron. Uno, dos, tres... el Hermano Muerto los atrapó en sus manos. Cuando llegó a los números cuatro, cinco y seis, las manos del Hermano Muerto estaban llenas. Entonces Anansi y su esposa saltaron al mismo tiempo hacia abajo. El Hermano Muerto tiró al suelo a todos los que llevaba en sus manos y es por eso que las arañas, como Anansi, se encuentran hoy en el suelo.

Las hierbas obeya

Al anochecer, rodeados por las grandiosas plantas del bosque tropical, hombres y mujeres del obeya pronuncian conjuros y hechizos herbolarios para obtener sanación, protección, poder, dinero y cualquier cosa que se les ocurra. La siguiente es una lista parcial de los ingredientes que ellos utilizan:

Pimiento de Jamaica: Protección, éxito y negociaciones.

Hoja de tabaco: Para que elimine usted cualquier obstáculo en su camino.

Guayaba: Pasión.

Jengibre: Sanación.

Heliotropo: Alegría y éxito.

Semilla de cáñamo: Claridad y sanación.

Lima: Purificación. Colóquela en su boca para que pronuncie las palabras adecuadas.

Limón: Tranquilidad.

Flor mágica (de la especie de las *achimenes*): Para que tenga suerte y éxito en toda su magia.

Sansiveria o planta serpiente: Protección y poder sobre el mal.

Nuez moscada: Para tranquilidad y amor.

Canela: Para la invisibilidad.

Vainas de frijol: Amor.

Clavos: Amor.

Lirios blancos: Poder físico y comunicación con los muertos.

Orquídea: Amor, suerte y clarividencia.

El futuro y la contienda

Pienso diferente en cuanto al futuro del shangó y del obeya. Por un lado, el shangó parece estarse fortaleciendo. El Consejo de Ancianos y la gran cantidad de templos espirituales pueden ser considerados como señales positivas para el futuro de la religión. Por otro lado, el obeya parece seguir tratando de mantenerse firme. El obeya tuvo que luchar primero contra la opresión de los colonialistas y, posteriormente, con las personas que practicaban el mialismo, muchas de las cuales intentaban desacreditar al obeya diciendo que era maligno y que se basaba en la magia negra. Incluso leí un artículo el otro día, que decía que las iglesias cristianas en Jamaica se quejaban de que los practicantes del obeya se estaban llevando todo el dinero de la iglesia al estafar a sus miembros vendiéndoles conjuros y hechizos. Aseguraban que los hombres del obeya obtenían más de ocho millones al año por las lecturas psíquicas. De modo que las malas interpretaciones continúan y el futuro de los hombres y mujeres del obeya, a menos que comiencen realmente a obtener ocho millones, es incierto.

El candombe, el espiritismo y el umbanda en Brasil: comunidad, espacio, danza y religión

Candombe

Como en el caso de las otras religiones aquí descritas, la gente de Brasil le pone su sello particular a las tradiciones orisha que tienen sus raíces en la formación del yoruba. Existen distintas variantes de las costumbres que se manifiestan en las religiones candombe, umbanda, quimbanda, espiritismo y otras.

Según Rachel E. Harding, los primeros indicios de la palabra *candombe* datan de 1826, o quizás incluso de 1807. La palabra se refiere, al mismo tiempo, a una religión, a una comunidad, a un espacio y a una danza que se dan principalmente en Brasil. Se cree que las primeras formaciones de la religión dieron inicio en Bahía, Brasil, muy conocida por su adhesión a las costumbres de África. A principios de 1830, los seguidores que ahí se encontraban iniciaron un viaje de regreso al continente africano, a fin de completar su educación espiritual. El candombe utiliza la palabra, la música y la danza para enaltecer el vínculo que tienen con los ancestros que se encuentran al otro lado del océano en África.

Existe una gran cantidad de evidencias históricas de la influencia africana en las religiones del Brasil. Por ejemplo, uno de los primeros registros data de 1618. Un informante, llamado Sebastian Beretto, notificó a los sacerdotes jesuitas acerca de un ritual fúnebre de origen africano que consistía en sacrificar animales y utilizar la sangre como ofrenda y, así, garantizar la entrada al cielo. El país tenía también su propia versión de los enjuiciamientos de brujas. En 1744, Louisa Pinto fue acusada de practicar la hechicería y presumiblemente, de tener un pacto con el diablo. Por otra parte, también existen descripciones positivas por parte de los portugueses colonialistas, que elogian los fenomenales poderes de curación de los esclavos africanos. Como la región brasileña era (y es) tan vasta, muchas veces los blancos necesitaban desesperadamente cualquier tipo de atención médica disponible; incluso en las ciudades había escasez de médicos y boticarios. Los practicantes africanos sobresalieron como *curanderos* o *sanadores* atendiendo tanto a los suyos como a los blancos. De esta manera, se permitió que parte de los ritos religiosos siguieran siendo practicados de manera abierta.

La experiencia de los brasileños con la religión africana se caracteriza por la dualidad. Por un lado, los europeos eran tolerantes e incluso hasta solícitos del conocimiento y los servicios de los practicantes. Los frecuentaban tanto por razones médicas como espirituales a manera de pociones y conjuros. Por otro lado, a los practicantes afrobrasileños se les perseguía con frecuencia debido a sus creencias. El primer código penal de 1831, siendo el primero que abordaba el tema de manera específica, prohibía las prácticas que no respetaran al estado o no sustentaran la moralidad pública. Es fácil deducir de qué manera se pudo haber utilizado esta fraseología para reprimir las asambleas masivas de los esclavos y los sacrificios religiosos. Por el año de 1870, se llevaban a cabo redadas de rutina en las "casas de la fortuna" o en las casas de reunión espiritual brasileñas, en las cuales se apresaba a todos los participantes.

La cruel institución de la esclavitud fue oficialmente prohibida en el Brasil en 1888 y, hasta entonces, un constante afluente de esclavos fue enviado al país. Con el aumento de esclavos, se multiplicaron las prácticas del candombe. Dentro de la religión podían conservar algunos de los ritos de su herencia africana. Sin embargo, el fin de la esclavitud no trajo consigo el fin de la persecución religiosa contra los africanos y afrobrasileños. Desafortunadamente, eso estaba aún muy lejano.

En años recientes, el rostro público del candombe finalmente ha salido de las sombras. En la década de 1990 Varig Airlines lanzó una campaña publicitaria exhortando a sus clientes potenciales a: "Volar con *axé* (poder espiritual)". Las divergencias de la develación pública de estos ritos aún deben ser comprendidas en su totalidad.

El centro de la religión candombe se conoce como *terrerio*, que es una estructura que genera y contiene ashé (axé). Ahí se guardan los artículos mágicos de la congregación y ofrece un espacio para los rituales. Está regido, según la tradición, por una sacerdotisa auxiliada por un grupo de seguidores que rinden culto a los orixa (dioses y diosas).

Exú: El demonio en las encrucijadas

Exú es el señor de las encrucijadas, de las entradas, de las puertas y de las veredas abiertas. Caminando encorvado y hacia atrás, se puede confiar en él para hacer lo inesperado. Representa a la energía mal enfocada. Muchas de las impresiones negativas asociadas con los Exús y las Pomba Giras (existen múltiples manifestaciones de la divinidad) surgen de su asociación con el demonio y Jezabel, respectivamente.

Esto proviene de las descripciones que se daban, a veces, en las tradiciones hudú y en algunas formas latinoamericanas de la religión africana y tradicional del hombre que aparece en la encrucijada como el demonio. Este demonio, sin embargo, no encarna al mal, como la iglesia cristiana quiere que lo veamos. Este demonio, denominado también *tío*, despeja los caminos, elimina los obstáculos y concede algún talento, cualquiera que usted pida, ya sean proezas sexuales o incluso el descubrimiento de oro. Para obtener estos regalos se requiere de un ferviente ritual por parte de los individuos, que deben regresar a la encrucijada varias noches seguidas y esperar a que Exú aparezca. Sin embargo, no existe ninguna evidencia que sugiera que éstas se tratan de una "dimensión desconocida" —como los pactos con el diablo—. Por el contrario, existen versiones que dicen que al encontrarse con Exú se tiene la sensación de tener un intercambio placentero con un transeúnte de otro mundo.

Pomba Gira: La sensualidad sagrada

Pomba Gira baila en la encrucijada de lo sagrado y lo sensual. En el candombe y en otros ritos religiosos afrobrasileños se le conoce como la compañera/esposa de Exú. Ella y su esposo ocupan un lugar "superior" a los otros Orixa. Son los amos de las encrucijadas sagradas y son los mensajeros designados entre los mundos de lo visible y lo invisible. Ninguna labor ritual debe dar comienzo sin solicitar antes su permiso.

Existen muchos y diferentes rostros de Pomba Gira: Pomba Gira Signa (la Gitana), Gira-Mundo (la Hiladora del Mundo), Sete Encruzilhadas (Siete Encrucijadas), María Padilla y María Mulambo, por nombrar sólo algunos de los innumerables avatares que existen. Pomba Gira Signa se especializa en problemas de aspecto legal y de justicia. Sete Encruzilhadas arroja su cuerpo hacia atrás al manifestarse durante la posesión. A ella se acude para ayudar a resolver problemas difíciles o imposibles, sus poderes son enormes cuando decide utilizar su magia. Esta adivina de las Siete Encrucijadas rige el destino. María Padilla es la más conocida de las Pomba Gira. Se cree que es una mujer brasileña que se ha convertido en una deidad; ofrece esperanza a las mujeres que tienen problemas en su relación. María Mulambo es una mujer que no acepta necedades y se enfrenta al castigo y a los celos. Puede resolver cualquier tipo de problema.

A lo largo de la historia y de las culturas, el sitio donde se cruzan dos caminos ha sido un punto de inspiración y de magia divina. Muchos y distintos dioses comparten las acciones y las actitudes de Pomba Gira y Exú. El dios griego Hermes también era una fascinante y engañosa deidad de las encrucijadas. Al igual que sus contrapartes afrobrasileños, él era un mensajero de la divinidad que poseía un legendario vigor sexual y gran sagacidad. La más oscura reputación de Pomba Gira y Exú se comparte con Hécate, otra deidad griega. También ella estaba a cargo de las encrucijadas de la noche y su asociación con el otro mundo, a menudo inspira miedo y terror, al igual que Pomba Gira.

Una de las cualidades más notables de Pomba Gira es la de una abierta sensualidad y libertad. Esta puede ser una causa de su asociación negativa. A menudo se encuentra representada en poses lascivas y sensuales, frecuentemente con los senos desnudos. Su pasión por los placeres corporales y el hedonismo hace que la gente la compare con la diosa Oxum. Ciertamente, muchas de sus ofrendas son iguales, incluyendo pendientes de argollas, collares, anillos y perfumes costosos. Al igual que Oxum, ella se encarga de las cuestiones del corazón. Es invaluable la habilidad de Pomba Gira para eliminar los obstáculos que bloquean el camino hacia el amor y la felicidad. Ella se mueve con alegría y júbilo. Pomba Gira se encuentra encarnada por la momentánea risa celestial que emana de ella como una melodía.

Ella comparte muchos de los rasgos de Exú. Por ejemplo, ambos prefieren los colores rojo y negro o blanco y negro. Sus ofrendas, distintas a las ya mencionadas, son: velas blancas y rojas, cigarros, sidra fermentada y rosas (asegúrese de retirar todas las espinas porque no le gusta espinarse sin obtener su pago). Un factor importante al dejar las ofrendas es que se aconseja colocar una pequeña al inicio de su contacto con Pomba Gira, y una más elaborada y más grande (llamada a menudo *pade*, con relación a Exú) cuando haya cumplido su deseo. Esto porque, se dice, ella prefiere el pago más grande que obtiene al final de su trabajo. Esta multifacética diosa debe ser reverenciada y recordada cada vez que se hace contacto con Exú, especialmente en los rituales que tienen que ver con el amor.

Todos entienden a Pomba Gira de una manera ligeramente diferente. Algunos la ven como una fuerza engañosa que concede el poder para recorrer nuevos caminos y explorar posibilidades desconocidas. Su formidable poder nos da a cada uno una lección diferente, una lección que quizás no comprendamos de inmediato pero que podemos disfrutar.

Ogum: *El general militar*
San Antonio de Padua es la imagen católica que se vincula más comúnmente con el orisha Ogum. Su danza de posesión es muy militar y, a veces, se asemeja a una marcha. En el ritual y en la vida, provoca y protege.

Oxum: Una representación del amor

En el candombe a la diosa del amor, Oxum, se le ve como a la esposa de Ifa y, por lo tanto, comparte sus poderes de adivinación, mismos que puede otorgar a las sacerdotisas que están a su favor. También está casada con Oxossi. Oxum se alimenta de uvas, huevos y pasteles.

Oxala y Ossain: cielo y tierra

Oxala es el creador celeste de los orisha . A él se le ofrenda agua fresca y otorga las bendiciones de la paz y el rejuvenecimiento. Ossain, u Ossaim, es el orisha de las plantas y las hierbas. Él conoce los secretos de la herbolaria curativa.

Yemanjá: Mar y Estrellas

Yemanjá es la diosa cuyo nombre se traduce, de manera general, como "la madre cuyos hijos son los peces del mar". En su fase como diosa del mar, la imagen católica de la virgen que surge del océano, se le considera como la santa patrona de Brasil. Ella es la madre de los otros orisha. Siendo diosa del mar y las estrellas, puede ser muy generosa.

Omolu: Enfermedad y Salud

Omolu, Obaluae o Sumbu, es el dios de la dolencia, de las enfermedades infecciosas y de la sanación. Él ha sufrido, y con este sacrificio, ha obtenido el conocimiento del poder de la sanación. Considerado por algunos como el hijo de Nana Buluku, utiliza su poder sobre la enfermedad tanto para castigar como para curar.

El espiritismo

El espiritismo es el nombre de la religión revelada por Allan Kardec. Kardec era un espíritu que se canalizó a sí mismo a través del cuerpo del espiritista francés Hippolyte Léon Denizard Rivail. Las sesiones médium/místicas de Rivail con este espíritu dieron surgimiento a las enseñanzas del kardecismo. Los principios explicativos de esta religión se basan en la creencia de la existencia de espíritus y la reencarnación. Se cree que los espíritus son seres humanos encarnados que viven temporalmente en el mundo espiritual. Dios es la inteligencia suprema y el origen de todas las cosas, incluyendo a los espíritus, que han sido creados para ser simples e ignorantes pero con una individualidad y libre voluntad. Para alcanzar el perfeccionamiento espiritual (visto como algo intelectual y moral) se requiere reencarnar varias veces dentro del mundo material, hasta conseguir la máxima perfección en la cual nos unimos a Dios. Aunque interesante, se cree que no todas las reencarnaciones tienen lugar en la Tierra ya que en este planeta existen los mundos inferior y superior. Cada encarnación es una oportunidad para corregir errores pasados y acelerar nuestro desarrollo espiritual ayudando a la humanidad.

Se cree que las revelaciones de Kardec complementan las enseñanzas de Jesús, cuyo ejemplo es considerado como el modelo esencial de la conducta humana. El consejo de Jesús que dice que nos "amemos los unos a los otros" es de particular importancia. Kardec, en imitación de Jesús, proclamaba: "Sin caridad no hay salvación". El dicho de Jesús: "Nadie verá el Reino de los Cielos si no vuelve a nacer", se cita como prueba de la reencarnación.

Los espiritistas creen que es posible que todos los espíritus no encarnados, de cualquier nivel (es decir, los espíritus puros, los espíritus buenos, los espíritus imperfectos, por nombrar algunos niveles), se comuniquen por medio de un médium, pero Kardec nos advierte analizar racionalmente cualquier información antes de aceptarla como una verdad. Un buen médium es aquel que posee una conducta altamente moral y no aquel que ofrece efectos especiales impresionantes.

El espiritismo afirma que respeta todas las religiones y que aplaude todos los esfuerzos que se hagan por practicar la justicia, el amor y la caridad. Por lo tanto, no resulta sorprendente que, de una u otra forma, éste haya influido en muchas de las religiones de la Diáspora Africana. La embajada del Brasil lista a más de un millón y medio de espiritistas tan sólo en ese país. En cierto grado, el espiritismo ha influido en las religiones umbanda, quimbanda y macumba, e incluso en las religiones mayormente establecidas como el candombe y las religiones nativas de América. Algunos espiritistas han intentado desacreditar las prácticas del umbanda y el candombe diciendo que los rituales son demasiado desenfrenados. En Cuba, el espiritismo se fusionó con elementos de otras religiones (es decir, el catolicismo, la santería, el palo monte del Congo y los espíritus aborígenes de Cuba) y se transformó en el espiritismo del cordón cubano o espiritismo cruzado.

El umbanda

Siendo una religión puramente brasileña (y por tanto hibridizada), los inicios del umbanda se afianzaron durante la década de 1920, y sus prácticas continúan incluso en la actualidad. A menudo, resulta difícil separar esta variante de las otras religiones brasileñas. Una de las razones es que incorpora una variedad de elementos de las creencias africanas, budistas, indígenas e hindúes. Con el tiempo ha sido consistente y continuamente renegociada al incorporar nuevos orisha.

Los *centros* umbanda, o centros rituales, proliferaron a lo largo de la década de 1930. En 1941, el Primero Congresso de espiritismo de umbanda (El Primer Congreso de Espiritismo de umbanda) se llevó a cabo en Río. Se promulgó para establecer los parámetros de la religión. Se estableció una división entre el umbanda y el quimbanda como lo blanco y lo negro, el bien y el mal. Hubo una reacción afrobrasileña durante la década de 1950. Ocuparon el primer plano las cuestiones de clase y de raza asociadas con la religión. Se hizo una mayor distinción entre el umbanda pura (una clase considerada más limpia y más pura) y las formas de origen africano del umbanda. En la tradición del umbanda así como en otras tradiciones de la Diáspora Africana, los rituales cambian constantemente.

El umbanda cuenta con un grupo de individuos dignos, no precisamente orisha completamente expertos, pero que son alimentados y consultados durante el ritual. Se les conoce como *Pretos Velhos* y *Caboclos*. Éstos representan a los espíritus de indígenas brasileños y de esclavos afrobrasileños. Como ocupan una importante legión de energías, se les da un lugar privilegiado. Los Pretos Velhos, o espíritus de los esclavos dignos, son representativos de la transformación de los africanos después de haber sido reasentados en el Brasil.

La música y la danza afrobrasileña

Algunos rituales del umbanda no incluyen para nada al tambor. En su lugar, las ceremonias son acompañadas de cantos sagrados y aplausos. Los ritmos de los orisha surgen en las mismas manos de los adoradores. Los centros que sí tienen tambores incluyen un juego común de tres tambores, tal y como lo hemos visto en las otras religiones de la Diáspora Africana. Muchos de estos centros son restringidos por la ley en cuanto a dónde y cuándo pueden tocarse los tambores. Los únicos lugares en donde se permite tocarlos son las *favelas* (ghettos) o en áreas semirrurales. No obstante, los templos que tienen mayor influencia africana aún conservan los tambores como una parte vital de la tradición.

En el candombe los participantes danzan en sentido de las manecillas del reloj o en sentido contrario, dependiendo de la ocasión. Los movimientos aumentan gradualmente de intensidad. Aprender toda la serie de danzas para el ritual puede requerir de meses de estudio.

Muchas de las danzas que se llevan a cabo tanto en los rituales del candombe como en los rituales del umbanda se hacen para los Cabloclos, los espíritus de los indígenas de Brasil. Hay dos tipos diferentes de samba que se pueden utilizar para ellos: la *samba de teste* y la samba de círculo. La samba de teste es, en realidad, una prueba impuesta por el orisha. Dicha prueba puede ser bailar sobre carbones encendidos o comer fuego. Se hace para probar la dignidad de los devotos. No son lastimados al llevar a cabo estas tareas sino que adquieren un tipo especial de protección y poder espiritual. La samba de círculo es más una danza formalizada. Los participantes forman un círculo exterior y una o dos personas se turnan para bailar en el centro en honor del orisha . En el umbanda también hay danzas y movimientos de posesión. Ogum tiene una danza que es poderosa y enérgica, se realiza caminando hacia atrás y hacia adelante. El poseído da giros violentos de manera repetida mientras baila sosteniendo espadas. Ocasionalmente los devotos hacen representaciones de luchas de espadas y batallas. Estas imitan, de muchas maneras, los movimientos combativos de la danza *yanvalou* del vudú de Nueva Orleans; es muy probable que ambas fuesen utilizadas como símbolos codificados para la rebelión de los esclavos.

Un mito de Brasil

El señor Oxossi, en el panteón candombe, es el cazador supremo. Se dice que un día, Oxossi se adentró en el bosque y se encontró con la serpiente divina, Oxumare. La capturó y la llevó a casa para que su esposa, Oxum, la cocinara. Cuando ella sacó a la serpiente de la mochila de cacería de Oxossi, la serpiente comenzó a cantar. Oxum se sorprendió, pues nunca había escuchado algo semejante. Se rehusó a acercarse de nuevo a la serpiente. Así que fue Oxossi quien picó, cocinó y se comió a Oxumare, quien cantó todo el tiempo. Dentro del estómago de Oxossi, la serpiente volvió a tomar forma y escapó. Oxossi persiguió a Oxumare disparando y maldiciendo. Finalmente, la serpiente escapó hacia el castillo del rey. Ahí, Oxumare contó su historia y el rey remarcó que Oxossi se había convertido por completo en "el cazador". Esta distinción ha continuado desde entonces.

Calendario

Septiembre 27: Fiesta para los Ibeji, los gemelos sagrados.
Enero 1: Fiesta para Yemanjá, la diosa del mar.
Segundo jueves de enero: Limpieza de la Iglesia de Bonfim. Ceremonia en Bahía, Brasil; este festival consiste en una procesión de la iglesia y una limpieza ritual de los escalones.

Hierbas de Brasil

La siguiente es una lista de las hierbas que se utilizan en el candombe o en el umbanda. Si usted puede, trate de conseguir hierbas frescas ya que se cree que poseen mayor axé, o poder espiritual:

Anís: Se utiliza para protección y para soñar.
Plátano: Para los muertos.
Nuez amarga (orobó): Para la suerte.
Anacardo: Para los muertos.
Dracena fragrans (peregún): Para el orisha guerrero: Exú, Ogum y Oxossi.
Menta: Para la sabiduría y el poder.
Aceite de palma (aceite dende): Se utiliza para rendir culto a cada uno de los orisha.
Papaya (momáo): Para la sanación.
Ruda (arruda): Para protección.
Planta mimosa (malissa): Para el poder espiritual.
Ajenjo (artemesia): Para el exorcismo.

Nace una religión

De muchas maneras, a las prácticas de origen africano se les ha permitido crecer y expandirse con mayor libertad en Brasil que en algunas de las otras localidades que he estado mencionando. No le atribuyo esto a un mejor trato hacia los devotos, sino a una geografía que les permitió escapar y ocultarse de sus opresores. En consecuencia, los rituales se han visto íntimamente ligados con la cultura de los afrobrasileños. Sólo hay que ver películas como *La ciudad de dios* y *Doña Flor y sus dos maridos* para darse cuenta de que el candombe es una parte normal de casi todos los aspectos de la vida. Cientos de miles de personas salen a la playa en Río durante la temporada de Año Nuevo, preparándose para rendir culto y alabar a Yemanjá, cada año ese número continúa creciendo.

PRÁCTICAS
SAGRADAS

Parte II

Los santuarios de África y más allá

Los santuarios y altares forman una parte vital de las religiones ifa, vodou, vudú en Nueva Orleans, santería, candombe, umbanda, shangó y obeya. Se erige un santuario dentro o fuera como un tributo permanente al lúa u orisha. Un altar puede ser descrito como una creación temporal diseñada para lograr un resultado mágico específico. Los santuarios y altares que se utilizan en estas tradiciones pueden ser tan simples como un vaso de agua, o tan elaborados como toda una habitación decorada con adornos.

Altares y santuarios

Es mucho el tiempo que el practicante dedica para acudir a las oraciones religiosas, a las ofrendas y a los rituales del vudú, la santería o el candombe. A menudo, los practicantes cuentan con santuarios que son erigidos en sus casas como áreas permanentes para sus rituales religiosos. Éstos deben ser limpiados y mantenidos con regularidad. Uno de los comentarios que más escucho por parte de los neopaganos es que se encuentran sorprendidos por el gran número de santuarios erigidos en un templo vudú o de santería. Durante un tiempo en mi propia casa tenía más de veintiséis santuarios distintos para varias deidades. Los artículos colocados en estos espacios sagrados pertenecen al lúa y al orisha, y no son utilizados o manipulados excepto para hacer limpieza o con propósitos rituales. Si usted visita el santuario de un templo o de un practicante, por favor no toque los artículos ni coloque ahí su bebida ya que hacerlo sería un acto irrespetuoso. Generalmente, se toma a bien que los visitantes dejen ofrendas como dinero, pero si no está seguro, pregunte primero.

La misma regla, acerca del respeto a los altares, se aplica a aquéllos que están dispuestos para los rituales. Durante un ritual, los altares serán erigidos por lo general en todo el espacio sagrado. Los distintos lúa u orisha requieren de sus espacios respectivos durante un ritual, este problema se presenta al erigir varias áreas de culto. Como ya lo mencioné, se toma a bien que se dejen ofrendas, pero consulte con alguno de los asistentes al ritual (denominados hounsi en el vodou haitiano u *oriate* en la santería).

Los santuarios de la religión ifa

La religión ifa se originó con la gente del yoruba, a lo largo de África Occidental. Muchos eran nigerianos y los santuarios erigidos ahí para los orisha se colocaban en el exterior. A menudo incluían árboles sagrados, rocas u otros elementos naturales. El yoruba tradicional también venera en áreas especiales de la naturaleza, por ejemplo, en el recodo de un río en particular. Algunos de los antiguos santuarios yoruba fueron remodelados por la sacerdotisa Obatala, Susanne Wenger y por los artistas locales Adebisi Akanji y Buraimoh Gbadamosi, junto con otros. Durante las décadas de 1960 y 1970, estas remodelaciones llevaron al arte orisha a un nivel totalmente nuevo. Se utilizaron elementos poco tradicionales como una pared de cemento en curva por fuera de la puerta de entrada al santuario Oshún, en Oshogbo. El santuario es un sitio de belleza, honor, oración, dedicación y fe. Tradicionalmente, los santuarios yoruba de África Occidental se encuentran en contacto directo con la naturaleza. A menudo, existen santuarios comunales en el centro de una ciudad al aire libre. Muchos de sus altares también se colocan a la entrada o en las encrucijadas. Para ver las ofrendas ifa específicas, consulte el capítulo dos.

Los santuarios sagrados del vodou

Eclécticos, innovadores, pintorescos y vastos son palabras que describen a los santuarios del mundo vodou. Es muy probable que un santuario contenga elementos de lo divino y de lo mundano. Las botellas de cola, el perfume, las plumas y las rocas son todos artículos normales. De hecho, la exhibición de museo organizada por Donald J. Cosentino, y documentada en su libro *Las artes sagradas del vodou haitiano*, incluía además un tallo fálico cubierto por un condón. Los santuarios vodou son algunos de los santuarios más sorprendentes del mundo. Detallados retratos artísticos de santos católicos cuelgan junto a mesas con botellas medio vacías y ranas petrificadas. Incluso, el artista Pierrot Barra añadió cabezas de muñeca del depósito de basura del Mercado de Hierro de Puerto Príncipe.

A los santuarios se les llama *pé* y pueden ser exhibidos en el piso o sobre una mesa. Por lo general, incluyen la figura o la litografía de un santo católico, junto con estampas sobre una bandera o pintadas directamente sobre la pared. Al igual que en el arte de Barra, se utilizan muñecas vestidas con los colores apropiados para el lúa. La mayoría de los santuarios incluyen también una cantidad considerable de botellas. Pueden ser botellas de ron, tequila, vino, cerveza, agua de

Florida y cola, así como botellas diseñadas para conservar y fortalecer la energía espiritual de los miembros del hounfor.

Comparados con los de la santería, los santuarios en Haití son mucho menos decorativos y más funcionales como depósitos para las almas de la congregación. Son también muy útiles pues ahí se guardan todas las ofrendas que el houngan (sacerdote) o la mambo (sacerdotisa) pueden necesitar durante una ceremonia o consulta.

Los santuarios del vudú en Nueva Orleans

Debido a la concentración de rituales que rodean a los muertos, mucho del arte ceremonial y de los santuarios en Nueva Orleans giran alrededor de los ancestros venerados. Varios epitafios son fantásticas creaciones hechas en casa. Utilizan técnicas de mosaico y collage para agregar casi cualquier cosa en el epitafio. Una característica única en esa área es la atención que se le da a los altares de Marie Laveau. Varias de sus imágenes en figura son importadas a la localidad desde Bahía, Brasil. A estas imágenes se les encuentra, por lo general, en los santuarios de Nueva Orleans, junto con fotografías o imágenes en miniatura de su famosa tumba y estampas como un tributo a ella, ya sea en forma de bandera o pintadas sobre el piso. Tal como lo he mencionado, el continuo culto a las serpientes se ha llevado a cabo aquí por más de ciento cincuenta años; por consiguiente, los altares a menudo incluyen jaulas o tanques para estas criaturas benditas.

A los altares ancestrales se les ha dado un lugar y una importancia especial dentro de la tradición. Muchos templos se caracterizan por tener un santuario para el muerto que se quiere recordar, así como para Oyá, el barón Samedi y para Mamá Brigitte.

Los santuarios de la santería

La santería cuenta con algunos de los santuarios más elaborados en el mundo. Decorados con adornos, incluso se les denomina *tronas* o "tronos" del orisha. He visto santuarios en los cuales se añaden docenas de metros de costosas telas y estatuas con una altura mayor a 1.8 metros. Incluso he visto algunas casas donde tienen fuentes.

Los santuarios pueden erigirse en la ilé o en la casa de un devoto. Pueden ser instalaciones permanentes o pueden erigirse de manera temporal para un banquete o ceremonia específica. Sin embargo, en muchas casas se colocan, por lo general, en el rincón de la sala. Varios metros de tela son plegados, reunidos y colgados del techo. Los devotos nunca pueden en realidad tener demasiada tela y casi todas las santeras (sacerdotisas) que conozco están buscando telas constantemente. Ésta puede utilizarse debajo, alrededor o sobre un santuario para el orisha.

El color es algo muy importante y debe corresponder con el orisha específico. Existe, sin embargo, una excepción que es propia de la santería. Las personas pueden usar el color del orisha que está casado con el principal orisha por el cual se está erigiendo el santuario. Por ejemplo, una pequeña porción de color rojo podría ser utilizado para venerar a Changó sobre un santuario que está todo cubierto de color amarillo para Oshún, su esposa. La limpieza es también algo importante al colocar estos santuarios —todo debe estar absolutamente limpio—. Esto representa la pureza de la intención y el respeto que los devotos sienten por el orisha.

Los santuarios de la santería funcionan visualmente en muchos y diferentes niveles. La tierra o el piso se cubren con un trapo sobre el cual se coloca el alimento y las velas. Entonces, también se cubre con tela una mesa o los pilares que sostienen las figuras o algunos otros artículos de importancia. De igual manera, se pueden colocar aquí los tambores y *otanes*, las piedras sagradas. Finalmente, pende del techo más tela, por lo general seda y encaje, portavelas, quemadores de incienso e incluso globos.

Los santuarios en Trinidad
Una característica única de los constructores ceremoniales de Trinidad, en relación con la religión, es el uso de banderas en los templos. En el vodou, como lo he mencionado, las banderas son utilizadas como estandartes que deben ser ondeados durante los rituales, mientras que en Trinidad las banderas se instalan de manera permanente ya sea afuera o en el interior del templo. Las banderas tienen los colores específicos del orisha que se venera en ese templo.

Brasil: Santuarios en la tierra de las estatuas vivientes
Bahía, Brasil es la tierra de las estatuas. En el área se han instituido varios negocios que fabrican estatuas orisha para uso nacional y extranjero. Incluso el sacerdote y autor Jorge Amado escribió una historia acerca de una estatua que cobra vida. Las estatuas son tratadas como representaciones vivas del orisha. Éstas comen, beben y hasta tienen fama de moverse casi imperceptiblemente.

Una característica única de Brasil es el uso de estatuas para Exú. En la santería, el orisha contrario es Eleguá, representado por una cabeza de coco o de cemento. Aquí, a Exú se le da la imagen del demonio. La mayoría de los santuarios para los Exús (existen múltiples manifestaciones de la divinidad) se encuentran localizados en Río de Janeiro. Su esposa, Pomba Gira, también es muy favorecida ahí. Las esquinas de las calles son, a menudo, el sitio para las pequeñas ofrendas para Pomba Gira y Exú. Las ofrendas consisten en rosas rojas, cerveza, cigarros, velas encendidas y dinero. Si alguien quisiera trabajar con Pomba Gira, él o ella deben dirigirse a la media noche a la encrucijada en la cual se unen tres caminos, llamada también "parada en T". Él, o ella, debe encender la vela, dejar las rosas, pedir ayuda para solucionar un problema, dar tres bocanadas al cigarro y dejarlo a un lado de la vela junto con el dinero. El último paso debe ser prometerle a Pomba Gira más ofrendas una vez que ella dé su ayuda. Entonces la persona se da la vuelta sin mirar atrás.

Las prácticas de los terrerios (templos) del umbanda y el candombe tienen diferentes niveles de rituales con influencia africana. Los terrerios del umbanda con menor influencia africana se caracterizan por sus creaciones sencillas, como un vaso de agua sobre una mesa blanca. Mientras que los santuarios con mayor influencia africana de Brasil son complejos y tienen muchos niveles, como los de la santería. Estos contienen *assentamentos*, es decir que contienen literalmente los "asientos" del Orixa. Cada assentamento está hecho con una vasija de esmalte o de loza de barro la cual sostiene los artículos sagrados. Estos pueden incluir a la *ota* (piedras sagradas), los *ferramentos* (herramientas de hierro para el orisha), cráneos, alhajas, cántaros con agua o preparaciones con hierbas. Cada uno de los assentamentos es para el orixa que rige a un miembro del terrerio en particular. Además de los assentamentos, el santuario puede incluir flores, jarrones, moños, velas, luces y estatuas. En los altares del umbanda no es extraño observar representaciones católicas, indígenas y africanas en el mismo sitio. A veces, la estructura jerárquica de la religión se representa al darle al orixa la posición más alta y colocando a los Pretos Velhos (los espíritus de los esclavos venerados) y a los gemelos en una posición inferior.

Los altares espiritistas contienen, a menudo, solamente un vaso de agua para absorber la energía negativa, mientras que los altares del candombe son elaborados y se denominan *peji*. Éstos contienen ofrendas provenientes de lugares tan diversos como una iglesia católica y el supermercado. A Exú se le rinde culto con sus colores tradicionales como el rojo, el negro y el blanco. A menudo, su altar se caracteriza por tener un arpón. Ogum, al igual que en otras tradiciones, está a cargo de los implementos rituales para el sacrificio. Por lo tanto, en su altar se colocan cuchillos y espadas. Las imágenes católicas que se utilizan para representarlo son San Antonio y San Jorge. Los altares a Oxossi enfatizan, generalmente, su conexión con los espíritus indígenas y, por lo tanto, se observan con frecuencia velos, plumas, arcos, flechas y una lanza. Yansa es la concubina del trueno y de los muertos. Su altar representa su enorme poder y magia. Normalmente, contiene una espada, artículos de cobre o bronce y astas o cuernos. A Ossain, el orisha de las plantas medicinales y mágicas, se le rinde culto generalmente con hierbas silvestres. Los artículos sagrados para Yemanjá incluyen vasijas y jarras con agua marina, rosas, esmalte de uñas e imágenes del océano. Oxum se encuentra cubierta de oro, como en otras tradiciones de la Diáspora Africana. Los Ibeji también tienen una forma tradicional de representación: muñecas, como en Haití, juguetes, como en la santería cubana y diversos tipos de flores, hierbas y dulces.

La serpiente arco iris, en el candombe, se encuentra representada por la diosa andrógina Oxumare. El altar para esta orixa posee los siguientes colores ceremoniales: amarillo y verde; y se encuentra cubierta por las ofrendas de cipreas, maíz, frijoles y camarones salteados con aceite dende. Xangó, el orisha del fuego, se encuentra representado en los altares del candombe con rayos y centellas, un símbolo que también aparece en Nigeria y en Cuba. Los tambores y el mortero ritual de Xangó son también elementos comunes.

Erija un santuario ancestral

No todos los practicantes necesitan erigir un santuario, sin embargo, aquellos que deciden hacerlo pueden verse favorecidos por el orisha más fácilmente que aquellos que no lo hacen. Erigir un santuario es un ejercicio espiritual que enseña paciencia y expresión estética. Los principiantes de cualquier culto pueden comenzar por erigir un santuario ancestral.

Mausoleo que alberga a algunos de los antepasados de la autora.

En los diversos capítulos de este libro, he mencionado repetidamente la importancia de los antepasados, o de los muertos, en cada una de estas religiones. Una buena manera de iniciar y fortalecer el contacto con aquellos que han muerto es erigiendo un santuario ancestral. Éste debe ser colocado en un lugar primordial de su casa. Este es el momento de dejar fluir su energía creativa y su intuición psíquica. Comience por las personas fallecidas ya sean parientes, amigos cercanos y maestros a quienes usted recuerde. No incluya fotografías de alguien con vida. Finalmente, todos tendremos la oportunidad de ser venerados de esta manera cuando llegue el momento. Si usted tiene fotografías, dibujos, alhajas o cualquier otra cosa que haya pertenecido a estas personas, éste será su lugar. A algunos practicantes les agrada colocar aquí agua bendita, tierra de panteón, velas, flores (reales o de seda) y ofrendas de comida. Una vez que haya dispuesto el espacio religioso, entonces podrá comenzar a tener un contacto regular con él. Una buena manera de hacerlo es dejando diariamente ofrendas como café, alcohol o algo que a sus antepasados les haya gustado, junto con sus oraciones. Algunos babalawos (sacerdotes africanos) que conozco dejan, incluso, una porción de cada comida sobre la tierra para los ancestros. Este continuo contacto deberá proporcionarle una mayor orientación por parte de sus antepasados.

Nota: A menudo, los estudiantes me preguntan cómo pueden adaptar este ritual si han sido adoptados y no están familiarizados con su actual linaje. No se preocupen: cada uno puede tener un maravilloso y productivo santuario ancestral. Todos en esta tierra tenemos dudas en cuanto a nuestro conocimiento del árbol familiar, el proceso para erigir este tipo de santuario siempre implica muchas conjeturas. Aquellos que no cuentan con nombres, o lugares, que incluir pueden trabajar con la intuición. ¿Con qué nombres, lugares, alimentación y conocimientos se relaciona? Puede usted utilizar esto como pauta y avanzar desde ahí.

Vudú, magia
de la santería y hechizos

El tema de la magia y los hechizos en la tradición religiosa afrocaribeña es difícil de describir de manera adecuada. En la santería y en el vodou, los hechizos funcionan de diversas maneras y con diferente intensidad, dependiendo del nivel de habilidad. Las prácticas hudú al sur de los Estados Unidos se basan, en gran medida, en los trabajos mágicos personales dirigidos a lograr un cambio, mientras que en la santería casi todos los trabajos son realizados por un grupo. En cada una de estas tradiciones, la fortaleza y el poder espiritual se alcanzan por medio de ofrendas, rituales e iniciaciones religiosas. Por consiguiente, existen sólo algunos tipos de hechizos que son adecuados para las personas sin ningún tipo de iniciación. Muchos de éstos están relacionados con la tranquilidad, la limpieza y la orientación. En cualquier circunstancia, le recomiendo consultar con su líder espiritual.

Los baños y la limpieza rituales

Las religiones afrocaribeñas se enfocan primordialmente en la tranquilidad y en la limpieza espiritual y física. En el ifa, la religión de origen yoruba proveniente de Nigeria, con frecuencia se dejan ofrendas de agua para proporcionarle al individuo descanso y tranquilidad. Un excelente hechizo que le brindará paz y claridad es simplemente sentarse en silencio durante una hora con un vaso de agua y una vela blanca encendida. Esto también puede llevarse a cabo conjuntamente con un baño de limpieza.

En la santería, los baños mágicos se toman con cualquier propósito, desde eliminar obstáculos hasta tener suerte en el juego.

Aguas mágicas de la santería disponibles en el mercado.

Baño de limpieza

Este baño eliminará la confusión y traerá la tranquilidad a un individuo. Vierta tres tazas de agua de manantial en un pote o tazón de cristal y póngala a hervir. Agregue un cuarto de taza de albahaca fresca o disecada. Retírela del fuego y déjela reposar durante veintiún minutos antes de colar la mezcla. Agregue ocho gotas de aceite de lavanda y tres gotas de agua florida (el agua florida es una fórmula muy común en la santería y, generalmente, se encuentra disponible en algunos supermercados). Guarde esta mezcla en una jarra de vidrio. Utilice grandes cantidades en su baño durante la luna creciente. Esta es una preparación que puede hacerse con antelación para tenerla a la mano en caso de que las cosas se vuelvan tensas o confusas.

Baño de Eleguá para crear oportunidades

Tome tres onzas de agua de coco y agregue tres gotas de aceite de albahaca y una cucharadita de extracto de vainilla.

Mezcle con un galón de agua de manantial. Utilícela cuantas veces lo requiera.

Baño para el poder psíquico

Utilice este baño para fortalecer su poder psíquico. Para mejores resultados, tómelo cada luna nueva. Mezcle un cuarto de onza de hojas de perejil junto con una gota de aceite de sándalo y un cuarto de onza de salvia en ocho onzas de agua hirviendo. Deje reposar durante una hora antes de colarla con un trapo de algodón. Agregue un cuarto de taza en su agua de baño.

Baño de Oshún para el amor

Mezcle una taza de agua de río, cinco gotas de aceite de naranja, cinco gotas de agua de rosas, cinco gotas de aceite de canela y cinco gotas de aceite de jazmín. Después agregue un galón de agua de manantial. Utilice cinco gotas en su baño.

Hechizos para eliminar influencias no deseadas

Muchos de los rituales del hudú, o de la tradición mágica del sur de los Estados Unidos, surgieron de la diaria necesidad por parte de los practicantes solitarios. Los individuos requerían de formas rápidas y efectivas para enfrentar sus problemas conforme iban surgiendo. Es por ello que los rituales consisten en el uso prolongado de hierbas y hechizos que pueden ser utilizados de diversas maneras. En el capítulo tres mencioné la raíz de conquistador, Hi John, y unos cuantos hechizos donde se hace uso de esa yerba. Uno de mis hechizos favoritos es aquel que se utiliza para deshacerse de un huésped no deseado. Tome una escoba común y colóquela, con las cerdas hacia arriba, detrás de la puerta principal. Después encaje un tenedor a través de las cerdas mientras se imagina a esa persona alejándose. Vuelva a colocar la escoba en su lugar, sin tocarla, hasta que haya cumplido su misión. Otro hechizo hudú para dejar sus problemas atrás tiene que ver con las monedas. Sostenga tres monedas (asegúrese de que al menos una tenga marcado el año en curso), inhale profundamente y exhale soplando sus problemas sobre las monedas, diríjase hacia una encrucijada y arrójelas tras de usted. No vuelva la vista. Repítalo las veces que sean necesarias.

La magia vevé

Los hechizos en el vudú de Nueva Orleans y en el vodou haitiano casi siempre se llevan a cabo con la ayuda de una mambo (sacerdotisa) o de un houngan (sacerdote), en respuesta directa a alguna dificultad o para rendir culto al lúa. Los hechizos están diseñados para fortalecer la conexión de un individuo con uno o más lúas. En estos rituales generalmente se utilizan vevás (dibujos espirituales) para contactar y rendir culto al lúa. Estos pueden dibujarse sobre un parche, o sobre otro papel mágico, y llevarse como un talismán. Por ejemplo, si alguien quiere atraer más amor a su vida, él, o ella, deberá colocar el vevé de Erzulie (la diosa del amor) dibujado con tinta de sangre de paloma (disponible en casi todas las tiendas psíquicas) en su bolsillo.

De igual manera, si alguien tiene alguna preocupación de índole médica, él, o ella, puede portar el vevé de Ogoú B'alindho (el dios de la medicina y la cirugía). Como ya lo he mencionado, estas son sólo pautas generales y para cualquier problema grave, se debe consultar a una mambo o a un houngan. Estos hechizos son, en muchos aspectos, como la vida: mientras más tiempo, esfuerzo y atención le dedique usted a sus deseos, más éxito tendrá.

Vevé Erzulie dibujada por Penny Cabot, de la colección de la autora.

Fiestas religiosas

En el vudú y en la santería los días de fiesta ofrecen otra oportunidad para la magia. Una de las fiestas más largas es la de San Juan, que se lleva a cabo el 24 de junio. En la fe católica, él era el encargado de limpiar y bendecir a la congregación. Durante cientos de años, la fiesta ha incluido limpias, banquetes y actos de caridad. Se dice que ese es el día festivo favorito de Marie Laveau, la reina del vudú. El siguiente Día de San Juan, considere llevar a cabo el siguiente ritual para atraer a su vida todas las bendiciones que usted necesita. Obsequie diez o más artículos a su dispensario o banco de alimentos local. En casa, prepare un banquete para sus amigos y su familia, incluyendo, mas no limitándose a carne asada o a otro tipo de proteína, papas dulces, elote y pasteles. Mientras cocina y come, piense en la conexión que existe entre el sustento físico y el sustento espiritual.

Piense que al alimentarse a usted mismo y a otros en este día, estará alimentando su alma de muchas maneras.

El 1º de enero también es un día de fiesta significativo. Se celebra en Brasil como un festival importante para Yemanjá. Entre los practicantes del hudú, es la ocasión para una fiesta religiosa que debe incluir hojas de col para el éxito financiero durante el siguiente año.

Hechizos con vela

Uno de los hechizos que continuamente les ofrezco a los estudiantes novatos es un trabajo mágico para el orisha Ochosi. Ochosi es el cazador y rastreador celestial en la santería y, en este hechizo, se le obsequian ofrendas a cambio de su ayuda para encontrar a un maestro espiritual. A fin de encontrar al maestro espiritual adecuado, pida a Ochosi su guía, mientras le ofrece los siguientes artículos: siete habanos, una pluma de faisán, un mango, un vaso de anisette, una turquesa de buen tamaño y romero. Reúna todos los artículos junto con una vela de siete días en color verde o púrpura (las velas largas dentro de un contenedor de vidrio). Encienda la vela en la siguiente luna nueva y concéntrese en su petición mientras sostiene cada artículo durante un minuto. Apague la vela con sus dedos o sofocándola y colóquela junto con los otros artículos en un lugar seguro. En la víspera de la luna llena coloque todos los artículos en campo abierto debajo de un árbol grande. En la siguiente luna llena, se le comenzarán a presentar nuevas oportunidades de estudio y crecimiento espiritual, si es que sigue buscándolas.

Varios de los hechizos que se utilizan en el vudú y en otras religiones de la Diáspora Africana incluyen el uso de velas. Tanto los novatos como los expertos pueden utilizar velas para fortalecer y reforzar sus trabajos mágicos. Las velas de siete días en color blanco son las mejores velas para cualquier propósito. Son apropiadas para casi cualquier ocasión. A menudo, los practicantes agregan a las velas hierbas, aceites e incluso brillos, así las personifican para una necesidad mágica específica.

La vela de Eleguá, la abridora de caminos

Utilice esta vela cuando sienta que su camino al éxito está bloqueado. Tome una vela de siete días en color rojo y agréguele una pizca de tabaco y café y una gota de aceite de coco. Encienda la vela cada mañana y concéntrese en moverse hacia y para alcanzar sus objetivos. Si necesita apagar la vela, por favor hágalo sofocándola o con sus dedos. Se dice que esto es para conservar el poder de la vela. Siga haciendo esto hasta que sienta que ha alcanzado el éxito.

La vela de Yemanjá

Utilice esta vela para rendir culto a la diosa del mar. Coloque una vela de color azul en un tazón de agua a la cual se le ha agregado una pizca de sal marina. A la parte superior de la vela agregue una pizca de alga marina, romero, albahaca y hierbabuena, tres gotas de aceite de lavanda y siete gotas de aceite de limón. Enciéndala cada vez que necesite tranquilidad y consuelo. Si en cualquier momento, al usar velas en su hechizo, la vela se apaga por sí sola, comienza a ennegrecer el vidrio o si se enciende toda la parte superior de la vela, se requerirá otro tipo de hechizo. Podría haber en su ambiente algo negativo o algunos obstáculos que necesitan tratarse primero. Por favor, no deje las velas desatendidas.

La vela para ayudarse en la computación y la electrónica
Tome una vela de siete días en color verde, agregue una pizca de sal negra, brillos negros, hierba *abrecamino* y limaduras de hierro. Encienda la vela cada día durante siete minutos, comenzando en lunes, concéntrese en su deseo, continúe hasta que haya alcanzado el éxito. Al terminar, lleve la porción que no se utilizó a unas vías de tren y déjela ahí junto con siete monedas.

Muñecos vudú

Los muñecos vudú son los artículos preferidos de las películas y las leyendas de terror clasificación B. En la actualidad, es raro utilizar en el vudú muñecas con alfileres encajados. Algunas casas o templos espirituales utilizan lo que se llama un pequeño muñeco del alma. Estos muñecos se utilizan como sustituto del cuerpo de un espíritu ancestral. De esta manera, se puede alimentar, cuidar y rendir culto a los antepasados. Entre los zulu de África del Sur, los muñecos se utilizan, a menudo, en la magia de sanación, el muñeco sirve como sustituto del individuo enfermo. En Nueva Orleans, los muñecos vudú se venden, a veces, como muñecos guardianes para obtener protección, como los muñecos "mojo" que están hechizados y adornados con hierbas; cada uno está diseñado para dar un efecto específico, como la suerte. Como ya lo he mencionado, debe hacerse hincapié en que éstos no son creados para dañar a un individuo, sino para dar sanación y protección.

Gris-gris: Una pizca de magia

Las bolsitas *gris-gris* son envoltorios mágicos de hierbas que se usan alrededor del cuello o en otra parte del cuerpo. Son muy populares en el vudú de Nueva Orleans y en la tradición hudú. Las siguientes recetas pueden prepararse mezclando y triturando con un mortero, para colocarlas después en una pequeña bolsa de franela o seda y usándola hasta que se ha alcanzado el objetivo deseado. Para deshacerse de la bolsa, entiérrela debajo del árbol más grande que pueda encontrar.

Para viajar: Consuelda, tomillo y albahaca.

Para protección: Albahaca, sal negra, semilla de ajonjolí, aceite de sándalo y una concha de ciprea.

Para el amor: Canela, pétalos de rosa roja, pachulí, un cuarzo rosa y una concha de mar.

Para casamiento: Clavo, pimienta de Jamaica, aliento de bebé, cañamón y una moneda de oro. Utilícelo en la cama para tener visiones de su nuevo cónyuge.

Para encuentros vigorosos: Almizcle, pachulí y clavo.

Para conversar con los muertos: Polvo de cementerio (lodo), aceite de cedro, arándanos secos, cáscara de naranja, pirola, eucalipto, semilla de ajonjolí, copal y albahaca.

Para la justicia divina: Coco, albahaca, algodón en rama y cáscara de lima.

Para la salud: Ron con aceite esencial de laurel, lavanda, roseta de maíz, albahaca y hamamelis.

Para la suerte al jugar baraja: Manzana seca, aceite de pachulí y agujas de pino.

Para el éxito: Nebrina, pachulí y semilla de peonia.

Para soñar: Aceite de limón, pétalos de rosa y sal marina.

Aceites mágicos

Todos los devotos de las religiones de la Diáspora Africana, desde Boston hasta Bahía, Brasil, utilizan aceites mágicos. Los aceites pueden ser usados, agregados a un baño, rociados por toda la casa, colocados en un tazón de agua debajo de la cama o añadidos a una loción y frotados en sus manos y pies. Al usar un aceite permite que su cuerpo entre en contacto directo con su energía mágica a lo largo del día. Su casa puede ser protegida o energizada mágicamente colocando unas cuantas gotas de aceite en los rincones de cada habitación. Al agregar aceite mágico a un tazón debajo de su cama, podrá controlar sus sueños. Si tiene problemas de pesadillas, intente colocando unas cuantas gotas de aceite de protección en un tazón de agua salada debajo de su cama. El aceite, cuando es añadido a una loción corporal común, puede aplicarse en manos y pies para influir en todo lo que toca y los lugares por los que camina. Los aceites también pueden ser escurridos en la cera de una vela y así utilizarla para mantener la energía encendida.

Si es posible, realice estos trabajos en secreto; está bien utilizar ayudantes, pero evite a cualquier persona que no esté de acuerdo con su misión. El simple hecho de que una persona escéptica observe su magia, puede alterar su efectividad.

Los siguientes hechizos de aceite se basan en las fórmulas tradicionales del vudú, el hudú y la santería. Se puede utilizar una taza de aceite de almendras o de aceite de olivo como base para todas estas preparaciones. Existe una rápida nota de advertencia: por favor, elija sabiamente su intención mágica. Estos hechizos están creados para dar el mejor resultado posible. Los hechizos específicos del vudú y de la santería, por ejemplo, para hacer que una persona en especial lo ame para siempre, son posibles mas no recomendables. En estas situaciones, lo que sucede invariablemente es que la persona obtiene el resultado deseado, pero descubre que no era lo que deseaba o necesitaba. La intención mágica y el enfoque son muy importantes, así que trate de concentrarse en atraer hacia usted la mejor situación posible.

Aceite de obeya (para el poder espiritual): Tres gotas de aceite de vetivert, nueve gotas de aceite de galangal, tres gotas de aceite de limón y un diente de tiburón.

Magnetismo animal (este aceite está diseñado para hacerlo más atractivo, tanto para el hombre como para la bestia.): Tres gotas de aceite de lilas, tres gotas de aceite de ciprés y tres gotas de aceite de lavanda

Aceite de protección: Una gota de aceite de mirra, tres gotas de aceite de sándalo y seis gotas de aceite de lavanda.

Aceite de limpieza espiritual (utilícelo durante la luna menguante, el tiempo para desvanecer el mal.): Siete gotas de aceite de sándalo, tres gotas de aceite de coco, tres gotas de aceite de vetivert y siete gotas de aceite de lima.

Aceite para la felicidad y el éxito (póngaselo para mejorar su aspecto y aumentar sus probabilidades de éxito.): Tres gotas de aceite de heliotropo, cinco gotas de aceite de ámbar y cinco gotas de aceite de rosas.

Aceite para la adivinación (utilice una pequeña cantidad de este aceite antes de la adivinación. Cuidado puede manchar.): Nueve gotas de aceite de palma roja, nueve gotas de aceite de lavanda y nueve gotas de aceite de bergamota.

Aceite del rey Salomón (esta es una mezcla tradicional del vudú para adquirir sabiduría y hacer las cosas a su manera; a Salomón se le rinde culto en el vudú porque conocía los secretos de los símbolos, los ángeles y los demonios.):

Tres gotas de aceite de sándalo, tres gotas de aceite de limón y tres gotas de aceite de nuez moscada.

Aceite para obtener un empleo (póngase este aceite cuando acuda a entrevistas laborales para causar una mejor impresión y eliminar los obstáculos hacia su éxito. Si tiene la oportunidad de hacerlo sin ser visto, rocíe el aceite por todo el sitio donde se llevará a cabo la entrevista.): Tres gotas de aceite de albahaca, siete gotas de aceite de menta y siete gotas de aceite de lilas.

Aceite de sanación (póngase este aceite o úntelo a una pieza de cuarzo rosa y llévelo consigo todo el tiempo para promover la salud y la sanación.): Diez gotas de aceite de vainilla, tres gotas de aceite de rosa y cuatro gotas de aceite de magnolia.

Aceite de rosa de Jericó (este es un aceite que se prepara como una infusión. Tome una jarra grande de vidrio y coloque dentro una rosa de Jericó. Vierta el aceite dentro de la jarra y cierre la tapa. Deje reposar la jarra afuera durante toda la noche, en donde atrapará la luz de la luna llena. Por la mañana vacíe el aceite y utilícelo las veces que sean necesarias para renovar sus finanzas.): Media taza de aceite de olivo y una rosa de Jericó.

Aceite para el dinero (mezcle esta combinación en una base de aceite y agregue un brillo dorado y una sarapia. Utilice esta fórmula para untar su dinero o cartera y en velas alrededor de su negocio.): Tres gotas de aceite galangal, tres gotas de aceite de limón y verbena, tres gotas de aceite de nuez moscada, tres gotas de aceite de clavo, brillo dorado y una sarapia.

Estas fórmulas de aceite pueden usarse solas o combinadas para lograr los resultados deseados. Con el tiempo aumentarán su potencial mágico y deben protegerse de la luz directa del sol. Una buena idea es intercambiar fórmulas mágicas con sus amigos, ya que su fuerza mágica puede ser diferente a la suya. Yo tengo un amigo con quien intercambio fórmulas frecuentemente de modo que podemos aumentar la potencia de nuestros trabajos.

Adivinación

No se puede sustituir la adecuada adivinación y consulta con su sacerdote o sacerdotisa. Muchas personas no tratarían de arreglar su auto si no fuesen mecánicos. El sacerdote y la sacerdotisa son profesionales altamente entrenados que pueden descubrir lo que se encuentra realmente detrás de sus problemas, y aconsejar o llevar a cabo las acciones necesarias para cambiarlos. En algunos casos, una vela blanca y un vaso de agua pueden ser suficientes para ofrecerle a un practicante tranquilidad, calma y la claridad para producir un cambio positivo; en otros casos, se deben utilizar ofrendas más grandes. Sólo la adivinación puede ayudarle a alguien a comprender la diferencia.

Vudú y rituales religiosos de la santería

En las tradiciones del vudú y la santería, casi todas las acciones son vistas como algo que tiene un significado religioso y que puede considerarse como un ritual. En algunas ilés (casas espirituales), incluso el mero acto de voltear se considera algo sagrado y debe ser realizado de cierta manera. Para las personas que están acostumbradas a practicar su religión sólo una vez a la semana o una vez al año, este nivel de dedicación es a menudo difícil de entender. Este capítulo tratará de los rituales en grupo y en solitario, tanto públicos como privados.

Las prácticas rituales

Además de que son diferentes, de acuerdo con sus practicantes neopaganos promedio, los rituales, hechizos y experiencias en el vudú y en la santería también son diferentes. Las limpias sencillas se llevan a cabo con artículos como cigarros y ron, los cuales pueden ser utilizados al inicio de una ceremonia o siempre que se requiera. El humo del cigarro y/o el ron es rociado y soplado por toda el área para eliminar la negatividad y abrir camino al progreso y a la expansión.

Comparado con el ritual común de la wicca, un ritual vudú o de la santería posee una estructura básica, sin embargo, usted no verá una distribución en círculo o una llamada a cuartel. Esto no quiere decir que no existen fronteras, ya que el área del ritual es aparente. Si todo marcha adecuadamente, las energías naturales y sobrenaturales que no son necesarias o que no han sido invitadas se encontrarán con una poderosa barrera psíquica. Estas líneas de contención espiritual serán delimitadas por la mambo (sacerdotisa), por el houngan (sacerdote) y por el resto de su congregación. Ciertos rituales wicca tienen un papel claramente definido; por ejemplo, a alguno de los participantes se le puede pedir que deje una ofrenda específica en el sur. El vudú, sin embargo, no posee papeles claramente definidos durante el presente ritual. A los individuos se les puede asignar el tambor o la danza, pero ese papel puede cambiar en cualquier momento y no deben ceñirse a él de manera estricta. El hounfor (casa espiritual) funciona como una familia que ofrece apoyo, con personas que ofrecen una ayuda complementaria para llevar a cabo las tareas inmediatas. Las tareas durante un ritual incluyen, generalmente, rendir culto al lúa o al orisha. Las invitaciones a estas divinidades se hacen por medio del tambor, de la danza y del salmo, todo esto dirigido por la mambo o el houngan. En algunos casos, los ritmos del tambor, las canciones y los movimientos de la danza se han utilizado durante varias décadas. El cierre de un ritual vudú o de santería es quizás también algo poco familiar para la mayoría de los neopaganos. No existe un "adiós" en muchas de las ceremonias neopaganas. El lúa y el orisha siempre va y viene a su antojo, y el cierre de un ritual para ellos es más como el final de una fiesta desenfrenada, cuando usted enciende las luces y descubre que la mayoría de las personas se han ido a casa. Las personas poseídas pueden mostrar poderes físicos extremos. Son conocidos por llevar a cabo una serie de proezas. Por ejemplo, una vez observé a una sacerdotisa rodar sobre carbones ardiendo. Aun y cuando mucho de lo que ocurre parece algo fantástico, existe muy poco o ningún efecto en el cuerpo de la persona poseída. Es casi como si las leyes tradicionales de la naturaleza no aplicaran en esta situación. Estos sorprendentes eventos son, en parte, utilizados para señalar la presencia del lúa o del orisha. Si la familia espiritual es testigo de que una mambo que mide un metro con treinta centímetros levanta a un hombre que pesa ciento treinta y tres kilogramos y lo hace girar, podrán estar seguros de que se encuentran en presencia del lúa. Conforme un ritual avanza, el cual tiene una duración de varias horas, los participantes comienzan a descubrir una nueva manera de comprender y de actuar.

Los recién llegados, sin embargo, necesitan comprender también que los practicantes de vudú y de santería no utilizan los mismos métodos para aterrizar, como en otras religiones. Mi mejor amiga, Denise Cruci, es una sacerdotisa wicca de la ciudad de Nueva York. Cuando están a punto de asistir a una ceremonia vudú, ella le dice a sus estudiantes que se aseguren de saber dónde se encuentra el agua florida y a quién dirigirse en caso de necesitar ayuda. El agua florida es un agua mágica que se utiliza para limpieza y protección espiritual, se utiliza durante las ceremonias para estabilizar a los participantes. Se encuentra a la venta en muchos grandes supermercados en la sección de alimentos y productos étnicos, o también puede adquirirse por internet. En la santería, el agua Florida así como la cascarilla (cascarón en polvo) se pueden utilizar con el mismo propósito. Se rocía o se aplica a la persona o al área en cuestión.

Ritual en grupo

El gran ritual público en grupo es el tipo de culto espiritual con el que es más probable que la mayoría de los principiantes se encuentren. Recientemente, los rituales vudú y de la santería se han abierto más a los extraños, e incluso se están llevando a cabo en reuniones y eventos paganos. Muchas de las casas espirituales grandes del vudú y de la santería realizan ceremonias frecuentes que están abiertas a los miembros respetables del público. Estas ceremonias van desde simples bembes (ceremonias con tambor en la santería) hasta extravagancias más elaboradas para las iniciaciones, como el vodou Lavé Tet o el bautismo con agua.

Los rituales públicos más grandes del vudú y de la santería incluyen un área principal con un altar o con una mesa para las ofrendas de alimentos y bebida, flores, dinero, hierbas y velas. Existen también varios altares de apoyo; por ejemplo, puede ser un altar ritual colocado cerca de los tamborileros o de los danzantes. También pueden haber altares colocados para rendir culto a cierto lúa u orisha que no desea "sentarse" a la mesa con los demás; por ejemplo, a Oyá y a Oshún nunca se les coloca juntas. Estas dos orisha no se llevan bien ya que pelearon por el mismo hombre, Changó. Incluso, yo asistí a una ceremonia donde se colocaron docenas de mesas con ofrendas, como alcohol y cigarros para que los participantes los usaran durante el ritual. En las formas tradicionales del vodou haitiano, el santuario se coloca generalmente sobre la tierra que se encuentra alrededor de lo que se denomina un Poteau Mitan (palo central). También se coloca un vevé (dibujo en la tierra) sobre la tierra que se encuentra alrededor del palo central como conducto espiritual para que el lúa viaje a través de éste.

Entonces, los danzantes rituales proceden a cargar banderas a través de este vevé mientras danzan. Por lo general, esto será seguido por una serie de posesiones por parte de diversos lúa. Los participantes nunca están seguros de qué lúa va a aparecer y con frecuencia son sorprendidos. Cuando el lúa desciende, las personas poseídas hablan en criollo haitiano (incluso si nunca lo habían hecho antes), bailan, cantan y dan mensajes a la comunidad y a los individuos.

En la tradición vudú de Nueva Orleans, los grandes rituales de grupo son parecidos a los rituales haitianos, sin embargo, éstos incluyen también elementos multiculturales. En el Voodoo Spiritual Temple en Nueva Orleans, siempre hay miembros del templo y visitantes que tienen una gran variedad de raíces. Por consiguiente, se hace un esfuerzo por incorporar y aprender de estas otras religiones.

En contraste, la santería puede considerarse como una religión con una serie muy tradicional y fuertemente codificada de prácticas que envuelven a los rituales en grupo. Por más de trescientos años, los practicantes de la santería se han esforzado por preservar las tradiciones igual que en sus inicios en África Occidental. Esto no quiere decir que no hayan existido variaciones dentro de la religión. Cada ilé hace las cosas a su modo muy particular; sin embargo, un ritual ofrecido hoy por una santera (sacerdotisa) puede ser sorprendentemente parecido a un ritual ofrecido por sus padres o sus abuelos espirituales cincuenta o cien años atrás. En esencia, cada ritual posee un orden básico de servicio.

Orden de servicio para un ritual de grupo en público
Cada orden de servicio es exclusiva de la casa espiritual en particular y de la situación. Sin embargo, es muy común que el primer orisha al que se le rinde culto en una ceremonia

de la santería sea Eleguá o a Legba en una ceremonia del vodou. El ritual para Eleguá o para Legba (conocido como Eshú en el ifa y como Papa Lebat en Nueva Orleans) dará comienzo con cantos, salmos, llamados y ritmos de tambor. En cada religión, esta divinidad es la encargada de abrir puertas y caminos, así como de eliminar los obstáculos innecesarios. Eleguá/Legba ofrece orientación y actúa como mensajero entre el mundo físico de los participantes y el mundo espiritual del lúa o del orisha.

Cabezas de Eleguá formadas con arena para una ceremonia ritual en Canadá

Cualquier orden que siga a partir de este punto será determinada por el sacerdote, la sacerdotisa y por los mismos lúa u orisha. Es muy común que Ogoú, también conocido como Ogún, sea el siguiente en ser venerado con redobles de tambor al estilo militar, movimientos reglamentados y con un machete o algún instrumento de hierro. Dependiendo de la situación, éste será llamado para curar y proteger a la comunidad, así como para despejar el camino espiritual hacia la victoria. Ogoú es, simbólicamente, responsable de eliminar los obstáculos que se presentan en nuestro propio camino.

El siguiente lúa u orisha que deberá ser venerado será aquél en quien se enfoca la ceremonia. Si se trata de una fiesta para venerar a cierta deidad, como Oshún, sería el momento para que comiencen los ritmos del tambor y para dar ofrendas de comida, en particular miel. Ahora los participantes son llamados a bailar y a cantar las canciones favoritas de Oshún, elogiando su belleza y su gracia. El objetivo aquí es que los participantes alcancen la posesión, la cual los pondrá en contacto directo con el lúa o el orisha y también permitirá que el lúa vuelva a vivir experiencias por medio de un cuerpo humano. Entonces, la ceremonia prosigue, a veces durante horas, hasta que el sacerdote, la sacerdotisa y las divinidades sienten que el ritual se ha completado.

Orden de servicio para un ritual de grupo en privado

El ritual de grupo en privado en las religiones afrocaribeñas es parecido al ritual público. La diferencia principal que yo he observado se encuentra en la escala y en el formato de la ceremonia. Los rituales de grupo en privado son mucho más reducidos, ya que están formados por menos de veinticinco miembros del ilé destinados. Sólo puedo compararlos entre una cena en casa y una cena en un restaurante. Un ilé es una familia, y los vínculos en ella son fuertes y enfocados. Cada uno de los individuos tiene una función y un lugar, y es en estos menos numerosos rituales privados donde ellos pueden recargarse y trabajar con su familia a fin de alcanzar sus objetivos.

*Una típica orden de servicio para un ritual
de grupo en privado para Marie Laveau,
la Primera Reina del Vudú en Nueva Orleans*
El ritmo *bambula* del tambor se lleva a cabo como un llamado a servicio. Éste reunirá y enfocará a los participantes que asisten. Después comienza el ritmo para Papa Lebat, el portero del vudú de Nueva Orleans responsable de permitir que

la ceremonia se lleve a cabo. Las ofrendas pueden y deben incluir café, habanos, dinero, coco, ron y/o ginebra y dulces. Las risas y los sucesos fantásticos son, con frecuencia, las señales de su presencia. El llamado y el ritmo para Ogún será el próximo paso del ritual. Las ofrendas consisten de ron, habanos, metales resonantes o cuchillos, y sangre o aceite rojo de palma. La siguiente parte de la ceremonia incluirá palabras de amor, elogios y oraciones a Marie Laveau. Es muy probable que se toque el ritmo yanvalou y que una serpiente, si se puede encontrar, sea llevada para moverse e interactuar con los participantes. Se hacen ofrendas de pasteles dulces, champaña, cigarros, dinero y agua bendita (ya que Laveau era también una Católica devota).

La mayoría de los rituales en privado a los que he asistido son más flexibles que sus contrapartes más numerosos. Por la naturaleza más reducida y más intensa de los rituales, los participantes pueden interactuar con el lúa o el orisha de una manera más directa. Con frecuencia, los rituales de grupo en privado resultan ser ocasiones para las iniciaciones. Estas sólo pueden describirse como algo parecido a un nacimiento. Mucho trabajo y labor se concentran en la creación de una persona nueva y diferente. Es, finalmente, una ocasión de gran alegría.

El ritual en solitario

Los rituales en solitario son realizados varias veces al día por la mayoría de los seguidores del vudú y la santería. Estos rituales incluyen la magia de las velas, los baños y los lavados de piso rituales, las ofrendas de dinero o de otros artículos, la quema de incienso y la oración.

A cada uno de los iniciados en estas religiones se les delegan sus propias tareas rituales que deberán llevar a cabo cada día, cada mes o las veces que sean necesarias. Por ejemplo, a un hijo o hija de Oyá se le podría pedir que viaje al cementerio a dejar ofrendas cada miércoles, mantener una flama eterna dedicada a la diosa en su altar y nunca comer berenjenas —uno de los alimentos rituales de Oyá—. Cada uno de estos requisitos rituales es determinado por complejos estratos de adivinación.

Aquellos que no son iniciados se limitan a los rituales que pueden realizar. Estas son religiones que abarcan conocimientos y prácticas sagradas que sólo pueden ser aprendidos por medio de un repetido contacto con una sacerdotisa y/o sacerdote calificado.

Una de las cosas que cualquiera puede hacer, sin embargo, es erigir un altar o santuario ancestral, el cual ya ha sido descrito en el capítulo anterior. Es una maravillosa manera de comenzar a tener contacto con aquéllos que se han ido antes, yo lo recomiendo para cualquier persona, ya sea que esté o no interesada en las religiones de la Diáspora Africana.

Otra herramienta espiritual que el solitario puede crear es un diario lúa u orisha. Este diario mágico es un modo de registrar el contacto con lo divino como, por ejemplo, por medio de los sueños. Si usted desea saber más acerca de los dioses y las diosas de África Occidental mientras duerme, coloque un pequeño tazón de agua debajo de su cama. Quizá esto pueda atrapar cualquier negatividad que exista en el área y que pueda estar afectando su sueño. Comience por quemar una pequeña cantidad de incienso de los Siete Poderes Africanos o de incienso de Eleguá. Evite lo más que pueda todas las distracciones y tranquilice su mente. Rocíe el lugar donde duerme con agua florida para atraer paz y claridad. Después, con su libreta mágica y los implementos de escritura a la mano, váyase a dormir. Si desea saber más acerca de un lúa u orisha en particular, concéntrese en la imagen de su vevé o colóquela debajo de su almohada en un pedazo de papel en forma de pergamino. Al despertarse, registre en su diario todo aquello que recuerde. Además de estos sueños, usted puede registrar cualquier otra experiencia o manifestación espiritual. Algunos practicantes creen que el contacto con un lúa u orisha puede ser observado incluso en las formas más simples que nos rodean. Por ejemplo, un hijo de Changó podría tener presentes en su entorno cosas como manzanas, pachulí, tortugas y otras ofrendas válidas. Su diario es donde registrará los contactos poco usuales con animales, plantas y personas. Revise su diario de manera periódica para ver si existen temas o tendencias recurrentes que puedan indicar la dirección hacia la cual se dirige su senda espiritual.

El ritual que aparece a continuación está diseñado para familiarizar a las personas con el proceso de trance y transformación del vudú. La posesión y el trance son algunos de los sucesos más incomprendidos y temidos en la religión afrocaribeña. El siguiente trabajo consiste en adquirir un estado alterado de conciencia parecido al que ocurre durante la posesión por parte de un lúa u orisha. Primero, asegúrese de que su entorno se encuentra física y espiritualmente limpio. Utilice limpiadores de pisos con preparaciones mágicas adquiridos en una tienda botánica o en un sitio de internet del vudú. Encienda velas de siete días de color blanco (hasta que el vidrio quede limpio y transparente) en los días y horas anteriores al trabajo. Despeje un área de un metro y medio por un metro y medio (o mayor) en la cual llevará a cabo el rito. Busque a alguien que sea su observador para asegurarse de que contará con un apoyo espiritual. Explíquele su intención e instrúyalo(a) para que limpie su nuca con cascarilla (cascarón en polvo en la santería) y agua florida. Él o ella deberán hacer esto cada vez que parezca que usted está teniendo una experiencia desagradable y desea regresar a su cuerpo. Ponga algo de música ritual con tambores vudú o de santería. Los sonidos lo asistirán y guiarán en su viaje hacia otros dominios. Dibuje sobre el piso un vevé de las encrucijadas con harina de maíz y colóquese en el centro de pie y descalzo. Sienta el maíz debajo de sus pies y trate de tranquilizar su mente. Si siente la necesidad, puede moverse o bailar al ritmo de la música. El simple movimiento es una buena manera de liberar su cuerpo. Continúe así hasta que sienta un cambio en la atmósfera que lo rodea. Quizá se sienta aturdido o mareado, o quizá el ambiente comience a retroceder y su visión comience a cambiar. Ponga atención a cómo todo cambia lentamente. Cuando sienta que ya ha tenido suficiente, dé una señal a su asistente para que limpie su cuerpo, poniendo especial atención a las manos, los pies y la nuca. Después que todo haya terminado, asegúrese de registrar sus experiencias y/o discútalas con sus maestros espirituales.

Vudú, santería y candombe en el celuloide

Bailes bajo la luna, comunicaciones estáticas y delirantes con los dioses, cementerios, patas de pollo, pantanos y manipulación de serpientes, son todas imágenes que pertenecen al mundo vudú del cine. Las representaciones fílmicas del vudú y la santería recorren una gran gama, desde *Madam Satan* (1930) hasta las más modernas representaciones como *Miami Vice* (1985), *Daughters of the Dust* (1991) e *Eve's Bayou* (1997).

Desafortunadamente, el vudú es retratado más frecuentemente en la pantalla como un vestigio africano que es extraño, maligno, sexual y perverso. Sólo en algunos casos se muestra en la pantalla como un elemento positivo. Es en estas representaciones donde vemos parte de la verdadera naturaleza de la religión, que se manifiesta como algo poderoso y ancestral o como una alternativa económica.

El vudú en la pantalla ofrece a los espectadores toda una serie de estereotipos afroamericanos. Éstos forman un remiendo, un virtual tarot vudú cinematográfico lleno de personajes arquetípicos. Derivados de las comunes nanas y de los tíos Tom de la pantalla, encontramos aquí extravagantes mujeres indígenas, exorcistas, nefastas divinidades y muertos que caminan. Éstos sirven, sin embargo, para ofrecer imágenes unidimensionales que a menudo marginan y degradan a los afroamericanos. Incluso *Jezebel*, el gran clásico del sur, se caracteriza por una línea en la que Henry Fonda dice: "Soy un banquero, no un exorcista", implicando que estos hombres se movían a menudo en el reino de lo espiritual y no en lo práctico.

Madame Satan (1930)
Dirigida por Cecil B. DeMille.
Reparto: Kay Johnson, Reginald Denny.

El tema de lo blanco en contra del vudú negro que se toca muchas veces en todas las películas que tratan sobre el vudú. Uno de los ejemplos más antiguos de esto es el de *Madam Satan*. Presenta a un grupo de hombres afroamericanos en una esquina jugando a los dados y discutiendo acerca del hudú, una forma del vudú que se basa en las hierbas. La escena termina cuando los hombres dicen que no le temen a los hudús ni a nada, entonces una bella mujer con piel de alabastro y vestida de blanco, los lanza sobre su juego y los hace correr por sus vidas.

The Green Pastures (1936)
Dirigida por Marc Connelly y William Keighley.
Reparto: Rex Ingram, Oscar Polk.

Anunciada como una leyenda por Marc Connelly y William Keighley y basada en *Ol' Man Adam and his Chillun'* de Roark Bradford, la extravagancia negra *The Green Pastures* se estrenó en 1936. El indulgente deseo de la película por explicar la vida religiosa de los afroamericanos, se vislumbra en su preámbulo: "Miles de Negros en las profundidades del sur aprecian a Dios y al paraíso como a las personas y a las cosas que ven diariamente en su vida. *The Green Pastures* es un intento por retratar esa concepción humilde y reverente". La cinta procede a mostrar las versiones que dan los negros a varias historias clásicas de la Biblia. Esto denuncia metódicamente diversas prácticas religiosas que son tradicionales en el África. Muchas prácticas de origen africano se denuncian en esta cinta. Ofrece, además, de una manera sistemática un breve razonamiento cristiano para abandonar varias de las prácticas africanas que podrían estar asociadas con religiones tales como el vudú. Una escena presenta una declaración hecha por un dios de piel oscura: "Diles que de hoy en adelante, bailar alrededor de la luna es pecado". Un largo episodio que aparece hacia el final de la película estimula a los hombres puros a ir en contra de los "niños vudú (con) el gris-gris."

The Green Pastures aborda también el tema de las prácticas sexuales de los negros del sur de los Estados Unidos que practican el vudú. En una escena, el ángel Gabriel advierte: "Esa es la aldea de los adivinos. Seguramente pueden multiplicarse rápidamente". De nuevo, la implicación es que el vudú funciona como una vertiente para las prácticas sexuales lascivas. La cinta muestra con gran obviedad el tipo de racismo y prejuicio que existía en ese tiempo.

Stormy Weather (1943)
Dirigida por Andrew L. Stone.
Reparto: Katherine Dunham, Fayard Nicholas, Harold Nicholas, Lena Horne, Bill Robinson, Cab Calloway.

En esta cinta, el personaje principal, Bill Williamson, personificado por Bill Robinson, nos cuenta acerca de su colorido pasado en la industria del entretenimiento. El reparto incluye un desfile de grandes anfitriones afroamericanos que trabajaban en una época en la que sus vidas se veían obstaculizadas por el racismo y la opresión. De particular interés es el extraordinario número de baile para la diosa del trueno y de la tormenta, con una coreografía dirigida por la antropóloga e iniciada del vudú, Katherine Dunham. Este número consiste de una pieza de danza sinuosa y fluida, basada en las raíces de la práctica vodou.

Divine Horseman: The Living Gods of Haiti (1985; 1951, fecha original de la cinta)
Dirigida por Maya Deren.

Esta cinta es la culminación del trabajo antropológico de campo realizado en Haití por Maya Deren. Filmó varias horas de metraje que no fue editado ni publicado sino hasta después de su muerte. La cinta hace un maravilloso trabajo al presentar la naturaleza sagrada y hermosa de las prácticas en Haití. Como productora de cine experimental, Deren pudo representar visualmente la danza divina en el trance de la posesión.

Live and Let Die (1973) [Vive y deja morir]
Dirigida por Guy Hamilton.
Reparto: Roger Moore, Jane Seymour, Yaphet Kotto, Geoffrey Holder.

James Bond es nuestro héroe en esta cinta, quien combate a

los traficantes de drogas caribeños tanto en Nueva York como en las islas. En *Live and Let Die*, el vudú tiene lugar por debajo de un delgado velo de normalidad. En esta cinta, Bond se encuentra frecuentemente con sucesos vodou en bares, tiendas, hoteles y así sucesivamente. Incluso, la chica Bond de esta película, Jane Seymour (Solitaire), acude a las reuniones religiosas con un travieso desdén. También se presenta en este clásico del personaje de James Bond el ritual orgiástico del vodou. La última escena ritual emplea escasos danzantes vestidos preparándose a ofrecer a Solitaire como sacrificio, vestida con una gasa transparente de color blanco. Con una coreografía dirigida por Geoffrey Holder, que también representa el papel del Barón Samedi, las escenas rituales y de danza que aparecen en la cinta muestran un sorprendente grado de autenticidad. Ojalá que las retenciones de lengua criolla y algunos gestos rituales genuinos alejen la atención de las serpientes de goma y de los pezones de Seymour. En *Live and Let Die* es el mismo Bond quien frustra el trabajo de los vuduistas que intentan sacrificar a Solitaire. Bond observa en secreto la ceremonia con su versión particular de la mirada perversa. Entonces, rápidamente hace su movimiento para terminar con la vida del Barón Samedi.

Dentro de las comunidades económicamente marginadas de los afroamericanos en el sur de los Estados Unidos y el Caribe, el vudú y el vodou han servido siempre como alternativas viables para generar ganancias. Era una solución lucrativa a un problema difícil, particularmente para las mujeres afroamericanas, quienes actuaban en la vida real y en el cine como sirvientas y nanas. Tanto *Live and Let Die* como *Angel Heart* presentan tiendas vudú, la "Oh Cult Voodoo Shop" y "Mammy Carter's", respectivamente. Ambos establecimientos muestran como propietarias a mujeres negras poderosas e insolentes. La modificación de la religión es un elemento que, definitivamente, rebasa a la pantalla. El final de esta cinta muestra a Bond dando muerte a los malvados y salvando nuevamente al mundo. Las películas como esta presentan la polémica de que si el bien pudiera tan sólo vencer al mal del vudú, los problemas de drogas y crímenes desaparecerían. Esta es una entretenida pieza de fantasía, pero no se puede decir mucho más sobre ella.

Amulet of Ogum (1974)
Conocida también como Amuleto de Ogum
Dirigida por Nelson Pereira dos Santos.
Reparto: Ney Santanna, Anecy Rocha, Jofre Soares, Jards Macalé, Maria Ribeiro.

Esta cinta muestra un inframundo lleno de umbanda, candombe, crimen y tragedia. Para distraer a algunos ladrones, un guitarrista ciego relata la historia de un hombre del norte del Brasil que se relacionaba con pistoleros y que vivía en los suburbios de Río de Janeiro. Este hombre tenía un "cuerpo blindado", lo cual quería decir que su cuerpo no podía ser tocado por las balas ni por otro tipo de armas, según el deseo de Ogum, el dios de la guerra y del hierro. Le recomiendo mucho esta cinta, si es que puede usted encontrarla.

Sugar Hill (1974) [El ejército de los zombies]
Conocida también como The Zombies of Sugar Hill y como Voodoo Girl
Dirigida por Paul Maslansky.
Reparto: Marki Bey, Don Pedro Colley, Robert Quarry,

Richard Lawson, Zara Cully, Betty Anne Rees, Charles Robinson. Texto del cartel: "Conoce a Sugar Hill y a sus Pistoleros Zombies... ¡La Mafia nunca ha conocido algo como ellos!"

La trama se basa en una acuerdo contractual entre la heroína, Diana "Sugar" Hill y el dios del vudú, el barón Samedi. El barón pide que se le pague por sus servicios relacionados con favores sexuales. Tradicionalmente, al barón se le asocia con el comportamiento sexual y lascivo, así como con los muertos nombrados. *Sugar Hill* sexualiza varios aspectos del vudú durante la película. Esta versión en pantalla extrapola estas ideas para asociar a este Barón con esposas zombie vestidas con delgada lencería. Al final de la cinta, Sugar Hill acepta pagar su deuda ofreciendo a la novia blanca de su némesis. El Barón acepta de mala gana tomar a la sustituta sobre una base temporal, subrayando nuevamente la "importancia" cinematográfica del sexo en el mundo del vudú.

Sugar Hill ofrece un trato clásico del año 1974 hacia la religión del vudú por parte de los negros. El tema principal es la venganza de la protagonista Sugar Hill, que utiliza el poder del Barón Samedi para combatir a los maléficos criminales blancos. La cinta ofrece una rara visión de un escenario en el que los personajes blancos de la película son vistos como los malos y el vudú, que utiliza métodos extremos, ofrece a nuestra heroína una forma vigilante de justicia.

Xé do Caixao (Coffin Joe)
Dirigida y escrita por José Mojica Marins.
Serie de tres cintas que incluyen:

Ritual dos Sádicos, O (1970) conocida también como *Awakening of the Beast* (RU) y *Ritual of the Maniacs* (USA).

Exorcismo Negro, O (1974) conocida también como *Black Exorcism of Coffin Joe* y *The Bloody Exorcism of Coffin Joe*.

A Estranha Hospedaria dos Prazeres (1976) conocida también como *The Strange Hostel of Naked Pleasures*.

Estas cintas brasileñas de terror son algunas de las mejores que se han hecho. Se enfocan en la explotación de Coffin Joe, un enojado enterrador que busca venganza en aquellos que se cruzan en su camino. El concepto de lo divino en la religión afroatlántica se basa en el culto y el patrocinio de un individuo, por lo general, después de que él o ella han muerto. Después de haberse difundido las películas de *Coffin Joe*, muchos brasileños comenzaron a rendirle culto al personaje como si fuese un orisha de los muertos. En el caso de Coffin Joe, una gran variedad de factores contribuyeron a su posición de culto y a su semidivinización como un espíritu de los antepasados y la energía de los muertos. José Mojica Marins menciona que varias veces, mientras estaban filmando en cementerios durante la noche, se encontraron con un ritual umbanda o candombe. Con frecuencia, los participantes se convertían en extras de las películas. Estas cintas son aterradoras y no son aptas para los débiles de estómago, sin embargo las recomiendo como unas de las películas más extrañas que haya usted visto jamás.

Dona Flor e Seus Dois Maridos (1976)
Conocida también como *Dona Flor and Her Two Husbands*
Dirigida por Bruno Barreto.
Reparto: Sonja Braga, José Wilker, Mauro Mendonca, Dinorah Brillanti.

Esta película se realizó en Bahía, Brasil y cuenta la historia de Flor, una mujer atrapada entre un esposo vivo y uno muerto. Aquí se presenta la realidad de los espíritus ancestrales. Es la adaptación cinematográfica del libro más vendido de Jorge Amado con el mismo título. Todas las historias de Amado representan, de manera artística, las prácticas de la religión candombe y esta cinta no es la excepción.

Legacy of the Spirits (1985)
Dirigida por Karen Kramer.

Este fantástico documental ahonda en el mundo de las religiones de la Diáspora Africana tal y como se practican en la ciudad de Nueva York. Incluso mis propias sacerdotisas vodou tienen una breve aparición en la cinta tocando los tambores. Este es uno de los mejores documentales sobre el vodou que se encuentran disponibles sobre la Diáspora. Karen Kramer estuvo en la escuela de cine de la Universidad de Nueva York justo antes que yo y realiza un extraordinario trabajo al presentar un tema tan complejo.

Something Wild (1986) [Algo salvaje]
Dirigida por Jonathan Demme.
Reparto: Jeff Daniels, Ray Liotta, Melanie Griffith.

Melanie Griffith y Jeff Daniels protagonizan esta extraña película del director Jonathan Demme. Charlie Driggs (Daniels) es un tímido corredor de bolsa de Nueva York que se deja secuestrar durante su hora de almuerzo por una excéntrica y atractiva mujer, Audrey Hankel (Griffith). Mientras se encuentra ebrio, ella lo lleva a un hotel para tener algo de sexo y cometer un pequeño robo; finalmente lo convence de acompañarla a una reunión de la secundaria y fingir que es su esposo. Charlie se va relajando y enamorando gradualmente, pero entonces la película da un giro repentino con la aparición de Ray Sinclair (Ray Liotta), el ex esposo de Hankel. Hay breves apariciones de los directores John Waters y John Sayles.

Muy a menudo, el vudú y sus prácticas resultantes son vistos como una parte oculta e impropia de la cultura afroamericana. Ésta se encuentra lejos de las miradas de los miembros promedio de la sociedad y sus seguidores son vistos como, y tomando prestado un término utilizado en la antropología, los que pertenecen a la cultura repugnante.

Un ejemplo de "los que pertenecen a la cultura repugnante" y que aparecen en el cine es Something Wild de Demme con Griffith. Agregando un caprichoso estilo gótico del sur y extensas escenas en Virginia, la cinta presenta a Griffith como una practicante del vudú con un complejo sistema de creencias y varias órdenes de aprehensión. Sin embargo, no son extraños los elementos casi omnipresentes de la religión, ya que el abandono de la normalidad por parte del personaje de Daniels es lo que se considera el acto desenfrenado. Su deseo por estar con una mujer tan desenfrenada como Griffith se retrata como la última locura. Resulta interesante ver esta película, sin embargo, no aprecio su visión general acerca de los practicantes del vudú.

Angel Heart (1987) [El corazón del ángel]
Dirigida por Alan Parker.
Reparto: Mickey Rourke, Lisa Bonet, Robert De Niro, Charlotte Rampling, Stocker Fontelieu.

La trama de esta cinta se centra alrededor de Harry Angel (Mickey Rourke), un detective de la década de 1950, que es contratado por un extranjero negro para buscar al hombre responsable de una serie de asesinatos, que van desde Nueva York hasta los cultos vudú de Nueva Orleans. Angel pronto se encuentra con la exótica reina del vudú, Epiphany Proudfoot, artísticamente retratada por Lisa Bonet.

A Proudfoot se le da una imagen altamente sexualizada, a pesar de sus diecisiete años de edad. La escena que en *Angel Heart* liga más directamente al vudú con la hipersexualidad, es la escena ritual principal. Escenificada por el legendario coreógrafo de Parker, Louis Falco, a quien empleó en la cinta *Fame*, la escena presenta un ritual que hace uso de algunos de los elementos tradicionales del vudú. A partir de ahí, cae rápidamente en un desastroso medio desnudo con un pollo muerto, el cual recuerda al bailable "Hot Lunch" de Falco en *Fame*. Falco, sin embargo, cree que la escena representa a "una auténtica ceremonia ritual". Los bailarines son principalmente "profesionales de Nueva York". Esta demente lógica es la que se emplea frecuentemente por los que originan las ideas negativas en los medios con respecto al vudú.

El vudú, la religión de los afroamericanos sin nombre y sin rostro en la película, se presenta como algo opuesto a la maldad del satanismo, la práctica de casi todos los blancos en la cinta. Aunque se basa en la novela de William Hjortsberg, *Fallen Angel*, la cual nunca sale de Nueva York, Parker decide llevar su cuento a Nueva Orleans. Esta película es buena, pero el vudú es sinceramente melodramático.

The Believers (1987) [Los creyentes]
Dirigida por John Schlesinger.
Reparto: Martin Sheen, Robert Loggia, Jimmy Smits, Carla Pinza.
Texto del cartel: "Existen. Témeles".

Martin Sheen es un psiquiatra de Nueva York que descubre que un culto vudú, que practica el sacrificio infantil, se interesa en su hijo. En esta cinta, Sheen combate a los "demonios" ocultos de la santería y el vudú. Aparecen a lo largo de esta cinta los sangrientos fetiches y una innecesaria violencia. No hay nada realista ni de sorprendente valor en esta cinta.

Voodoo Dawn (1990)
Dirigida por Steven Fierberg.
Reparto: Raymond St. Jacques, Theresa Merritt, Gina Gershon, Tony Todd.
Texto del cartel: "Si creías que el vudú era sólo fetichismo, es tiempo de pensarlo dos veces".

En esta ridícula cinta, un grupo de granjeros haitianos inmigrantes, con la ayuda de un atento estudiante de antropología, intentan vencer a un maléfico sacerdote haitiano del vudú. *Voodoo Dawn* coloca al personaje principal, que es un blanco, en la posición de ser el único que puede salvar a los pobres y desafortunados practicantes del vudú del agente maligno de su propia religión. Uno se pregunta por qué los otros personajes afroamericanos han puesto su fe en este hombre que acaba de llegar del norte y que desconoce todas las prácticas del vudú. La venganza es el motivo para que aparezcan maléficos elementos del vudú en esta cinta. En este caso, es un soldado del Tonton Macoute, la policía secreta haitiana, quien se venga de los desalojados practicantes del vudú en la ensenada de Louisiana. Esta cinta no se merece ni el celuloide en el que fue filmada.

Daughters of the Dust (1991)
Dirigida por Julie Dash.
Reparto: Cora Lee Day, Adisa Anderson, Alva Rogers, Bahni Turpin, Kaycee Moore, Trula Hoosier.
Ganadora del Premio a la Mejor Película en el Festival de Cine en Sundance

La película de Julie Dash aclamada por la crítica, *Daughters of the Dust*, presenta a varios personajes que miran hacia el poder del vudú. La historia narra la historia de la familia Peazant, una familia con una historia ligada intrínsecamente a las creencias espirituales de África. Uno de los temas centrales de la cinta es el poder del orisha y de los ancestros trabajando por medio de la gente *ibo*, en Carolina del Sur. El mito ibo, tal y como se relaciona con el *Ibo Point* en Carolina del Sur, tiene que ver con los esclavos africanos de la tribu ibo, que fueron traídos a América. Éstos se negaron a vivir en la esclavitud y muchos se adentraron directamente en las aguas para dirigirse a un lugar llamado Ibo Point. Algunos dicen que se ahogaron, otros que volaron de regreso a África. A sus descendientes se les conoce actualmente como los voladores de Ibo, y son ellos los que Dash presenta en la cinta.

Daughters of the Dust incluso lleva la influencia del orisha y de la religión al ámbito musical. La partitura original fue creada por John Barnes y el tema de cierre se llama *Elegba Theme*. Elegba, conocido también como Legba o Eleguá, es el guardián vudú de las encrucijadas. La canción pide a Elegba: "Ago Elegba... muestra el camino, Elegba". Es esta divinidad de las encrucijadas, Elegba, quien cumple los deseos y permite tener contacto con el mundo espiritual. Elegba es un orisha que se ve representado directamente en *Daughters of the Dust*. Elegba es invocado en el personaje del niño por nacer. Nana Peazant, en *Daughters of the Dust*, representa el papel de la demente mujer vudú. La sinopsis la presenta como a Obatala, la deidad africana de la paz y la tranquilidad, encarnando la energía de las nubes y a menudo buscada por los enfermos mentales.

Afortunadamente, *Daughters of the Dust* presenta en la pantalla uno de los retratos más verdaderos del legado ancestral del vudú. Es aquí donde observamos la sabiduría de los ancestros, tan inseparable de la religión del vudú. Dash comenta que muchas de sus historias familiares se tomaron como base para esta película, convirtiéndola así en un testamento de su propia reverencia al conocimiento y a la tradición ancestral. La película se desarrolla en las Sea Islands, de Carolina del Sur. Parece que el culto a los antepasados se encuentra vivo y no sólo entre los practicantes del vudú.

Raw Footage (1927-1940)
Dirigida y escrita por Zora Neale Hurston.

Zora Neale Hurston fue la primera mujer afroamericana en obtener el título de antropóloga en el Barnard College. A finales de la década de 1920 y principios de 1940, filmó diferentes escenas de la vida religiosa afroamericana en todo el sur de los Estados Unidos. El metraje incluye una *Santeria Rogación* (bautismo con agua) que se lleva a cabo en las afueras de la costa de Florida, y una ceremonia vudú con tambores de Carolina del Sur. La cinta es un raro documento de archivo, posiblemente la primer película acerca de prácticas como éstas en los Estados Unidos. Desafortunadamente, el único lugar donde puede verse esta cinta es en la Biblioteca del Congreso. Ojalá que algún día se encuentre a la disposición del público.

Midnight in the Garden of Good and Evil (1997)
[Medianoche en el jardín del bien y del mal]
Dirigida por Clint Eastwood.
Reparto: John Cusack, Kevin Spacey, Jack Thompson, Irma P. Hall, Jude Law, Alison Eastwood, Paul Hipp, Lady Chablis, Dorothy Loudon.

Midnight in the Garden of Good and Evil es la historia de un acaudalado hombre de Charleston que mata a su amante varón. La cinta sigue al hombre a lo largo del juicio tal y como es visto por un reportero, caracterizado por John Cusack.

Existen varias escenas en típicas del hudú y del vudú. De acuerdo con el resto de la película, estas escenas son un poco sensacionalistas. Sin embargo, ofrecen un retrato relativamente exacto *Midnight in the Garden of Good and Evil* que muestran algunas prácticas del tipo de hechizos que algunas personas llevan a cabo. No cualquiera se presenta a la medianoche en la tumba de una víctima de asesinato como parte de su religión, pero cosas como ésta ocurren y, a veces, el vudú y el hudú son las únicas opciones de una persona.

Eve's Bayou (1997)

Dirigida por Kasi Lemmons.
Reparto: Jurnee Smollett, Meagan Good, Samuel L. Jackson, Lynn Whitfield, Debbi Morgan, Ethel Ayler, Diaham Carroll, Vondie Curtis-Hall, Branford Marsalis.
Texto del cartel: "Aquellos secretos que nos unen, también nos pueden separar".

Esta historia se desarrolla en la Louisiana de 1962 y describe a la familia Batiste vista a través de los ojos de su hija, Eve. Ellos viven en un mundo de intriga y misticismo, y esta vieja historia posee una profundidad y un entusiasmo que rara vez podemos encontrar al tratar el tema del hudú.

En *Eve's Bayou*, la demente mujer hudú, Elzora, es caracterizada por Diahann Carroll. Retratada como poco aseada y divagante, la loca Elzora remite a un antiguo estereotipo que practica la religión del hudú y de los fenómenos psíquicos en general. La actuación se oculta bajo una gran cantidad de maquillaje de color blanco, destinado a evocar las características del antiguo yoruba. Aquí, la audiencia puede observar la transformación de un personaje en una siniestra caricatura. Elzora vive en los pantanos entre jarrones de hierbas y homúnculos, conjurando durante las primeras horas de la noche y trayendo muerte y tragedia. La asociación que Kasi Lemmon hace de ella con el hudú, al contrario del vudú, ofrece un análisis interesante del personaje. El hudú, como tradición, es visto como algo más independiente, menos religioso y supeditado a un íntimo conocimiento de la farmacología herbolaria.

En *Eve's Bayou*, el papel que juega el hudú cambia lentamente de una provechosa visión del futuro y de útiles pociones herbolarias hasta ser un agente de muerte. Eve pide la ayuda de Elzora para causarle la muerte a su padre. Eve está decidida a castigar a su padre por diversas incorrecciones y va muy lejos para lograr su objetivo.

Eve's Bayou comienza con el personaje principal preparando el escenario para el elemento psíquico de la película. Eve explica: "Al igual que otros antes que yo, tengo el don de la visión". El don de la segunda visión se presenta obviamente en la familia Batiste, ya que es también un talento de la tía de Eve, Mozelle. Lemmons nos brinda la extraña oportunidad de ver al hudú como un elemento cotidiano de la vida entre la comunidad afroamericana de Louisiana que ella está retratando. Al igual que el pelo rojo de Eve, el hudú se ve retratado como un rasgo genético que algunos son lo suficientemente afortunados de tener.

En *Eve's Bayou*, el poder del hudú también ofrece a la película una tendencia oculta. Mozelle, caracterizada por Debbi Morgan, se gana la vida con las lecturas psíquicas. Su poder para predecir el futuro ayuda a los miembros de la comunidad afroamericana. Mozelle posee también un conocimiento de las raíces y de las hierbas del hudú. De su caja sagrada extrae los ingredientes para un gris-gris hudú tradicional que contiene piedra imán, Hi John, la raíz de conquistador, agujeta del diablo y agua bendita. Aunque Mozelle recibe las burlas de su familia, es vista como alguien que posee un don que utiliza para obtener ganancias económicas. Podemos ver un desfile constante de clientes que entran y salen de su casa, buscando orientación, información y pociones y, por consiguiente, dejando ofrendas adecuadas. Elzora, el nefasto personaje de la película, también se gana la vida con el hudú, en una choza donde vende sus consejos así como sus lecturas de huesos, algo clásico en Louisiana. Ella golpea con su mano una jarra llena de billetes y la realidad de su situación se hace evidente.

En contraste con todas las representaciones negativas y defectuosas de la religión hudú, de la Diáspora Africana, a menudo es retratada por los medios como un poder innegable. Funcionando como una poderosa opción para el afroamericano, frecuentemente marginado, los poderosos conjuros y habilidades del hudú aún encuentran su camino en este tipo de películas. También resulta interesante hacer notar que este fue el primer largometraje dirigido por una mujer afroamericana.

Blues Brothers 2000 (1998) [El ritmo continúa]
Dirigida por John Landis.
Reparto: Dan Aykroyd, John Goodman, Erykah Badu, Nia Peeples, B.B. King.
Texto del cartel: "El Señor obra en formas misteriosas".

La trama de esta película presenta a Elwood Blues tratando de reunir a su banda para un último gran espectáculo. Erykah Badu retrata en *Blues Brothers 2000* a la reina del vudú, Mousette. Aquí, el clan de los hermanos del Blues, vestidos con trajes oscuros, se enfrentan a la mujer vudú, llamándola "la bruja más fea, más vieja y más malvada del vudú". A pesar de su renuencia, se acercan al Plantation Club de la reina

Mousette para pedir una audiencia. Ella responde con amabilidad y una canción, con un poco del típico elemento de hipnosis. Su temporal actitud aletargada puede ser vista como un desplazamiento de sus temores con respecto al vudú. Mejorar musicalmente gracias al poder del vudú, aunque aún se mantienen a una distancia segura de la reina Mousette.

Miel para Oshún (2001)
Conocida también como Honey for Oshún
Dirigida por Humberto Solás.
Reparto: Jorge Perugorría, Isabel Santos, Mario Limonta, Saturnino García, Adela Legrá.

Cuando su padre muere, un cubano que fue educado en los Estados Unidos se entera de que no fue abandonado por su madre sino que fue sacado ilegalmente de Cuba. Regresa a la isla y es ayudado en su búsqueda por un primo y un taxista. La diosa Oshún se convierte en una metáfora tanto para su madre como para su tierra, que han sido perdidas. En esta cinta aparecen varias imágenes de la belleza de Cuba y una pequeña información acerca de las prácticas de la santería que ahí se llevan a cabo.

City of God (2002) [Ciudad de Dios]
Conocida también como Cidade de Deus
Dirigida por Fernando Meirelles y Kátia Lund.
Reparto: Alexandre Rodrigues, Leandro Firmino, Phellipe Haagensen, Douglas Silva y Jonathan Haagensen.
Texto del cartel: "Lucha y nunca sobrevivirás... Corre y nunca ecaparás".

Esta cinta visualmente brillante y muy emotiva ofrece una tendencia oculta de las prácticas del candombe. Presenta la realidad de las violentas favelas (ghettos) en el Brasil. La cinta se basa en la verdadera historia de un joven fotógrafo tratando de encontrar una manera de salir de la miseria que lo rodea. Los elementos del candombe recorren toda la cinta, funcionando así como un catalizador del cambio.

Bodies of Water: Voodoo Identity and Transformation (2004)
Dirigida por Lilith Dorsey.

Se ha presentado en festivales de cine alrededor del mundo. Esta es mi propia visión documental de la sagrada religión del vudú en Nueva Orleans. En la tradición vudú de Nueva Orleans es muy importante la conexión que existe con el Río Mississippi y el Lago Ponchartrain como sitios interconectados de sanación y crecimiento espiritual. En esta cinta, las personas se conectan con este poder tan elemental, cambiando y adaptándose constantemente, como los canales que ellos imitan, ofreciendo guía, orientación y alimento.

Crédito a los roles

El vudú en el cine se muestra, a menudo, como algo en retroceso, peligroso, disparatado y temido y, aun así, continúa a pesar de estas (y muchas otras) malas interpretaciones. Esta antigua religión africana ha sufrido y resistido, ha aparecido en las películas de diferentes maneras y ha tratado diferentes temas, temas que son especialmente valiosos al considerar a la religión como un todo.

Una corriente en particular que yo veo que se revela directamente cuando vemos estas películas es la que se ve en el papel que juegan las mujeres de la Diáspora Africana. Las pioneras como Katherine Dunham y Zora Neale Hurston, salieron en busca de las prácticas para documentarlas y explorarlas. Al hacerlo, encontraron la fortaleza y la belleza para llevarlas al mundo. Los directores como Kasi Lemmons y Julie Dash encontraron también fortaleza en estas imágenes de las mujeres en el poder. De continuar manifestándose en la vida real y en la pantalla cinematográfica como algo poderoso, provechoso y ancestral, quizás el vudú, en palabras de Cary Grant, "tenga el poder".

El brillo del vudú al final del arco iris

Ha habido un cambio gradual en la actitud neopagana de los americanos hacia el vudú y la santería. El movimiento neopagano, por sí mismo, es comparativamente nuevo y, por consiguiente, ha estado batallando por encontrar sus propias fronteras. Yo he estado asistiendo a festivales y eventos neopaganos por más de diez años y, desafortunadamente, durante ese tiempo me ha tocado ser testigo del racismo, la ignorancia, la falta de respeto, la paranoia y la curiosidad. Los miembros minoritarios de la comunidad siempre han estado proporcionalmente mal representados y, en algunos festivales, sólo hemos estado mis hijos y yo. A veces se siente como entrar en la jaula del león dentro de un saco de carne. Un babalawo (sacerdote africano del ifa) fue informado por un organizador de un festival en la Costa Este: "Aquí no nos agradan los de tu clase". Al principio, me sorprendía constantemente el hecho de que los seguidores de una religión con una historia de persecución tan trágica y extensa pudiesen cambiar totalmente y ser tan intolerantes ellos mismos.

En parte, la razón de esta intolerancia es la ignorancia. La finalidad de los medios ha sido la de retratar al vudú y a la santería como algo maligno, perverso y diabólico. A lo largo de la historia, aquéllos que están en el poder han acusado falsamente a aquéllos que temen de los crímenes más atroces. Sucedía en tiempos pasados y, desafortunadamente, sigue ocurriendo en la actualidad.

Al dar conferencias en algunos de estos festivales y dando a conocer una información respetuosa y precisa acerca de las tradiciones religiosas de la Diáspora Africana, he intentado eliminar algunos de estos estereotipos extremadamente negativos. Sin embargo, aún queda un largo camino por recorrer. Dentro de la comunidad de la santería y el vudú, no es raro escuchar acerca de las personas que tienen problemas con las autoridades a causa de sus creencias. Legalmente, estos van desde problemas por el sacrificio, hasta tocar el tambor en público o por la custodia de un niño.

Hace veinte años, muchos festivales neopaganos prohibían tocar los tambores. El tambor forma una parte integral de estas religiones. Es por medio de los tambores que el lúa y el orisha son venerados y llamados. El sonido rítmico y el culto son inseparables. Afortunadamente, con los años ha ido desapareciendo este tabú, sin embargo aún perdura la tensión. Como ya lo he mencionado, espero que el conocimiento y la capacitación le ayuden a terminar con esa tensión que aún queda. Los ritmos en el vudú y en la santería son específicos y complicados. Aquellos que deseen practicar con los tambores del vudú y la santería deben tomarse el tiempo suficiente para familiarizarse con los ritmos. Esto lo pueden hacer buscando un maestro o estudiando algunas grabaciones.

Creo que muchos de los prejuicios en contra del vudú surgen a partir de las malas interpretaciones acerca de la posesión y del sacrificio, los cuales he tratado a lo largo de este libro. A las personas les aterra perder el control; temen que si asisten a una ceremonia, de alguna manera, se perderán a sí mismos. La posesión no tiene nada que ver con ese tipo de experiencias; nunca he escuchado de alguien que haya sido poseído que no haya recuperado después su personalidad normal. También escucho con frecuencia acerca de las creencias estereotípicas concernientes al sacrificio de animales. Como si el mundo estuviese poblado por ignorantes, parecen creer que los practicantes del vudú son antiguos bárbaros. Creo que condenan el comportamiento porque dudan de su propio éxito. La mayoría no lo pensaría dos veces si tuviese que utilizar una medicina animal para tratar una enfermedad terminal, pero cuando los templos vudú y de la santería ofrecen una solución parecida a un problema grave, son difamados. El sacrificio de animales se realiza para resolver problemas graves dentro de la comunidad. Cuando un animal es sacrificado, el practicante entra en una batalla de voluntades con él. El practicante cree que sólo uno de los dos saldrá victorioso, y él o ella saben que quizás no salgan con vida. De hecho, a los sacerdotes y sacerdotisas del vudú y la santería se les conoce por morir bajo circunstancias misteriosas durante un ritual. Esto se acepta dentro de la comunidad como un simple suceso de la vida. El sacrificio puede llevarse a cabo de muchas maneras.

Esta actitud del público, generalmente antagónica hacia el vudú y otras religiones de la Diáspora Africana, está cambiando progresivamente, al igual que algunos otros prejuicios. Ahora, cada vez que dirijo un numeroso ritual público, hay menos amenazas e interrupciones por parte de la comunidad neopagana. Eso no quiere decir que las cosas hayan cambiado mucho en la mente del público o en los medios populares. Aún me dan ganas de iniciar una Liga Contra la Difamación del Vudú cada vez que veo una película ofensiva, como *Voodoo Dawn*, o alguna otra película de terror. Desafortunadamente, el velo de reserva que ha existido para proteger a la religión de la persecución, también ha permitido que las personas ajenas a ella sigan en su ignorancia. De algún modo, creo que si un mayor número de personas supieran que su cartero local o el profesor universitario de su comunidad es una practicante de la santería, sería menos probable que sacaran conclusiones equivocadas.

Ojalá que la imagen pública cambie, aunque debo admitir que el otro día alguien me dijo: "Estás bien. Al menos no practicas la santería", lo cual obviamente hago. Las prácticas del vudú y la santería no tienen por qué seguir siendo totalmente clandestinas, de lo contrario, seguirán siendo las víctimas de la desorientada imaginación de las personas. Sin duda, quizás aumente el riesgo de una persecución pero, finalmente, también lo hará la tolerancia de la gente.

Algún día quizá los niños conozcan en la escuela los mitos y las leyendas de Changó y de Oyá, de igual manera que conocen los de Isis y Zeus. Algún día quizás, cuando escriba "vudú" en el renglón de religión en un cuestionario de hospital, el administrador no me pregunte: "¿En realidad desea que anote eso?" Algún día, los comerciales en televisión dejarán de referirse al vudú con términos de muñecos, alfileres y prácticas primitivas. Ojalá que las palabras *libertad de religión* finalmente signifiquen: "libertad de religión en los Estados Unidos". Quizá, las fiestas religiosas afro-occidentales serán celebradas y respetadas, al igual que las judeo-cristianas. Los ambulantes venderán en la calle hojas de palma para la fiesta de Ayizán y no sólo para el Domingo de Ramos. Algún día, los Estados Unidos tendrán su propio registro espiritual de la Diáspora Africana, parecido al que tienen en Brasil, de manera que el público pueda investigar el linaje y las prácticas de un maestro espiritual en prospecto. Los tatuajes vevé serán tan populares como los de carácter asiático. Algún día quizá, las estrellas de rap afroamericanas cantarán: "Orisha, camina conmigo", alabando a los antiguos dioses. El vudú es una religión seria y ojalá sea tratada como tal por el público en general. Algunas cosas están cambiando para bien, sin embargo, el camino puede ser lento y empinado. Los últimos treinta y cinco años han sido testigos del redescubrimiento de la invaluable información acerca del vudú, reunida por la primera antropóloga y sacerdotisa afroamericana, Zora Neale Hurston; de la aparición de internet, que permite que los practicantes se encuentren y permanezcan conectados mutuamente a través de enormes distancias; y de la publicación de una gran cantidad de información acerca de la santería, el palo mayombe, el candombe, el vodou y otras religiones de origen africano. Ojalá que muchas maravillosas sorpresas como éstas sigan ocurriendo, añadiéndose a las religiones en formas que ni siquiera imaginamos fuesen posibles.

Glosario

Adimu: Una ofrenda no animal.

Afonga: Un ritmo y un canto popular de África Occidental.

Diáspora Africana: La dispersión del pueblo africano, ya sea voluntaria o involuntaria, por todo el mundo.

Aganyú: En la santería el padre de Changó, dueño de los volcanes.

Agué: En el vodou y el vudú una divinidad considerada como el patrón de los pescadores y las embarcaciones.

Aida Wedó: En el vodou y el vudú la diosa de la creación asociada con la serpiente arco iris.

Annie Christmas: En el vudú la lúa del ferrocarril.

Ashé / Asé / Axé: La vida, la gracia, la sangre, la majestad, el crecimiento, el poder, la fuerza y la energía.

Asiento: En la santería la iniciación para convertirse en santera o santero.

Asón: En el vudú el cascabel de calabacín que suele conferirse como parte de una iniciación.

Axó: Conocimiento sagrado, misterio.

Ayizán: En el vodou la diosa de la iniciación.

Azaka (también se denomina **Primo**)**:** En el vodou el dios de la agricultura y los agricultores.

Babalawo: En la ifa o la santería un sacerdote importante.

Babaluayé: En la santería una divinidad para curar y para la viruela.

Bambula: El ritmo del tambor.

Banda: En el vudú el ritmo y la danza asociados con los antepasados.

Barones Samedi y Cimitere: En el vodou haitiano los espíritus de los muertos nombrados.

Bembe: En la santería una ceremonia con un tambor.

Blanca Dani: En el vodou y el vudú una lúa creadora asociada con una serpiente blanca.

Bossou: En el vodou una divinidad guerrera asociada con el toro.

Botánica: Una tienda donde venden artículos para un ritual.

Caboclos: En Brasil, los espíritus de los antepasados que se adoran.

Candombe: Las religiones diseminadas desde África hacia Brasil.

Cascarilla: En el vudú, la santería y la ifa la cáscara de huevo pulverizada que se utiliza para bendiciones y limpias.

Centros: Los centros de adoración en Brasil.

Changó: El señor del fuego y el tambor.

Tribu del Congo: Las personas originarias del área del río Congo en África Occidental.

Curanderos: En América Latina los sacerdotes y las sacerdotisas que curan.

Damballa Wedó: En el vodou una deidad serpiente creadora.

Dilogún: La adivinación con conchas de ciprea.

Ebo: Una ofrenda.

Egungun: En la ifa los espíritus reverenciados de los antepasados.

Eleguá / Eshú: Un dios embustero.

Eleke: En la santería y en la ifa, collar en la iniciación ritual.

Erzulie / Ezili: En el vodou y el vudú la diosa de amor.

Favelas: En Brasil los ghetos o barrios pobres.

Gede: En el vodou los espíritus de los muertos.

Gede Nibo: En el vodou el espíritu de un antepasado, cuyo ano se cree que es de color canela.

Gran Bois: En el vodou la deidad de los bosques.

Gris-gris (se pronuncia *gri-gri*): En el vudú o en el hudú una mezcla de hierbas para un hechizo.

Hi John, la raíz de conquistador: Una especie de planta *ipomea* utilizada para casos de cortejo, suerte y éxito.

Hounfor: En el vodou un templo.

Houngan: En el vodou, un sacerdote.

Hounsi: En el vodou una ayudante en el ritual, literalmente una "esposa".

Iansa / Yansa: En las tradiciones de la ifa y el candombe la diosa del cementerio.

Ibeji: Los gemelos divinos del panteón yoruba.

Pueblo ibo / igbo: Un grupo de pueblos tribales cuyo origen está en África Occidental; muchos fueron reubicados como esclavos en la costa de Carolina del Sur.

Punto Ibo: El lugar en Carolina del Sur desde donde se dice que los esclavos ibo vuelan de regreso a África.

Yemanjá: En el candombe la diosa del océano.

Ifa: Las prácticas de la religión yoruba tradicional. La deidad yoruba de la adivinación.

Ilé: En la ifa o la santería una casa o un templo espiritual.

Iya: Madre, utilizado como término de respeto para la sacerdotisa.

Cábala: Antiguas enseñanzas místicas judías.

LaBaleen: En el vodou diosa de las ballenas, asociada con LaSirene.

Madam LaLune: En el vudú la diosa de la luna.

LaSirene: En el vodou, la diosa del mar, que suele asociarse con LaBaleen.

Lavé Tet: En el vodou un bautizo en el agua.

Marie Laveau: Una de las grandes reinas del vudú de Nueva Orleáns.

Papá Lebat: Deidad de las encrucijadas en el vudú de Nueva Orleáns, similar a Legba.

Legba: En el vodou y el vudú una divinidad que representa la fuerza paternal de la creación en el cosmos.

Toussaint Louverature: Uno de los líderes de la revolución haitiana de 1804.

Lucumi: Una palabra afrocubana para las prácticas derivadas del pueblo yoruba de África Occidental.

Lúa: En el vodou los dioses o una diosa.

Mamán: En el vodou el tambor del ritual principal.

Mamá Brigitte: En el vodou diosa de la justicia, esposa del barón Samedi, la primera mujer enterrada en todos los cementerios.

Mambo: En el vodou una sacerdotisa.

Mami Wata / Mamá Wata: En el vodou, el vudú y en el yoruba una antigua deidad del agua.

Marassa: Los gemelos divinos del panteón del vodou.

Masa LaFlambeau: En el vodou, deidad del fuego purificador.

Mialismo: Término que designa las prácticas obeya en Jamaica y Belice, relacionadas con la danza, los tambores y la posesión.

Nana Buluku: En el yoruba y la santería una deidad maternal que representa el valor, el conocimiento monumental y el poder de las mujeres.

Nanchons: En el vodou grupos de lúas que se cree pertenecen al mismo linaje tribal original.

Neopaganismo: Término que describe varios movimientos paganos cuya popularidad ha aumentado a partir de 1960, basados en parte en la wicca, tradiciones familiares, invenciones individuales y reconstrucciones.

Obá: En la santería una diosa que vive en los lagos. Una de las tres esposas de Changó.

Obatala: En la santería y en la ifa el dios/diosa andrógino de las nubes.

Obeya: Una forma de religión popular diseminada de África en Belice y Jamaica.

Ochosi / Oxossi / Osossi: El dios de la cacería.

Oduduwa: En el yoruba una deidad creadora femenina.

Ogoú / Ogún: El dios del hierro, la guerra y la tecnología.

Olodumare: En el yoruba y la santería una deidad creadora asociada con el arco iris.

Olokún: En la teología de la santería y el yoruba el orisha de las profundidades del océano.

Olorún / Olodumare / Olofin: En la santería deidad creadora suprema representada por una paloma.

Omiero: Una preparación con hierbas, un baño.

Omolu / Babaluayé / Sumbú: En la santería orisha de la enfermedad, la curación y los padecimientos infecciosos; es similar al Somponno del yoruba.

Orisha / Orisa / Orixa: En la santería, la ifa y el candombe la denominación de diosas y dioses.

Orunla / Orunmila / Ifa: En la santería un orisha asociado con la adivinación.

Orunmila: El dios de la adivinación, también conocido como Ifa.

Osanyin / Osain / Ossain / Aroni: En la santería un orisha que domina las hierbas medicinales.

Oshún: La diosa del amor.

Ossain: *consulte* Osanyin.

Río Osún: Un río de Nigeria sagrado para Oshún, la diosa del amor.

Ouroboros: Una serpiente mitológica, la cual se representa devorando su propia cola.

Oxala: En la santería el orisha de la paz y el cielo.

Oxumare: En el candombe una deidad que representa la serpiente arco iris.

Oyá: La diosa del relámpago y el tornado.

Oyotunji: Una aldea africana auténtica en Carolina del Sur que ofrece clases, rituales y enseñanza.

Pagano: Término aplicado a diversas tradiciones politeístas que adoran lo terrenal.

Paquete Congo: En el vodou manojos mágicos para hechizos.

Palera / Palero: Una sacerdotisa o un sacerdote en la religión palo monte.

Palo: *consulte* Palo Monte.

Palo monte / Palo Mayombe / Palo: Una tradición religiosa diseminada desde África con algunos elementos similares a la santería.

Pataki: En la santería un mito.

Petit (Boulah): En el vodou el más pequeño de los tres tambores rituales.

Petro: En el vodou un nanchón caracterizado por el calor y el fuego.

Pomba Gira / Bomba Gira: En el candombe y la umbanda, la esposa de Exú, conocida por su conducta dominada por lo sexual.

Poteau Mitan: En el vodou el asta central.

Pretos Yelhos: En el candombe los espíritus de los esclavos honrados.

Rada: En el vodou un nanchon que se considera proveniente de la región de Arada, en África Occidental.

Regla de Ocha: Un término alterno para la práctica de la santería, una traducción aproximada es "regla de lo divino".

Rogación: En la santería una ceremonia de bautizo.

Sanite Dede: Una de las primeras sacerdotisas de quien se tiene noticia en el vudú.

Santería: Las prácticas religiosas afrocaribeñas surgidas de Cuba y Puerto Rico.

Santera / Santero: En la santería, una sacerdotisa / un sacerdote.

Segunda: En el vodou el segundo tambor ritual.

ShiLiBo: En el vodou y el vudú una lúa de alegría pura y deslumbrante.

Simbi: En el vodou dios serpiente para la magia y la inteligencia.

Sonponno / Sakpata): *consulte* Babaluayé.

Matrimonio espiritual: La unión sagrada entre un lúa y un practicante del vodou.

Espiritismo: El nombre de la religión revelada por Allen Kardec, la cual incluye creer en espíritus y en la reencarnación.

Tambor: En la santería una ceremonia con tambores.

Tarot: Un antiguo sistema de adivinación basado en los naipes de origen italiano.

Terreiro: El centro de las prácticas religiosas del candombe. Sirve para rituales y para alojar objetos sagrados.

Piedras de rayo: Unas piedras rituales especiales para el orisha Changó, las cuales se cree fueron alcanzadas por un relámpago.

Tío Malicia: En el vodou el espíritu de un antepasado.

Umbanda: Una religión brasileña transformada que utiliza elementos de las prácticas sagradas africanas, budistas, hindúes y de los indígenas del Amazonas.

Vodou (se pronuncia *vodiú*): Una forma religiosa de Haití, cuya traducción literal es "espíritu" o "deidad".

Vudú: La religión practicada en Nueva Orleans.

Voodoo Spiritual Temple: Un templo de vudú auténtico en Nueva Orleans, fundado por la sacerdotisa Miriam Chamani y el sacerdote Oswan Chamani en 1990.

Vevé: Un dibujo ritual en la tierra para la lúa.

Xangó: En el candombe el dios del fuego.

Yanvalou: Una danza sagrada practicada en el vodou y el vudú.

Yemonjá / Yemayá / Yemojá): En la santería y en el yoruba, la diosa del mar.

Índice

Vudú y *paganismo afrocaribeño*, de Lilith Dorsey, fue impreso en septiembre de 2006, en Q Graphics, Oriente 249-C, núm. 126, C.P. 08500, México, D.F.